NOUVELLE SÉRIE

ADMINISTRATEUR : N. BLANPAIN

OTHÈQUE DÉMOCRATIQUE

cteur : M. VICTOR POUPIN

M.-L. GAGNEUR

LE DIVORCE

PARIS

LIBRAIRIE DE LA BIBLIOTHÈQUE DÉMOCRATIQUE

7, RUE JEANNE, 7

Dépôt principal, 9, place des Victoires

50 CENTIMES, et par la poste, *franco*, 60 CENTIMES

LE DIVORCE

BIBLIOTHÈQUE DÉMOCRATIQUE

DIRECTEUR : M. VICTOR POUPIN

⚬⚬⚬

M.-L. GAGNEUR

LE

DIVORCE

PARIS
LIBRAIRIE DE LA BIBLIOTHÈQUE DÉMOCRATIQUE
7, RUE JEANNE, 7
Dépositaire principal, A. SAGNIER
31, RUE BONAPARTE, 31

©

M.-L. GAGNEUR

Dans les dix dernières années de l'Empire, pendant qu'une littérature hâtée, violente, malsaine, indifférente aux souffrances des classes populaires, achevait l'énervement des esprits et des caractères, précipitait la décomposition de la France impériale, M.-L. Gagneur consacrait un talent sain, libéral et fort à l'observation de nos misères sociales, à la critique de toutes les oppressions et de toutes les superstitions, à la recherche d'un idéal de justice et de liberté.

Sa première brochure avait pour titre : PROJET D'ASSOCIATION INDUSTRIELLE ET DOMESTIQUE POUR LES CLASSES OUVRIÈRES, et annonçait déjà ces préoccupations généreuses.

M.-L. Gagneur publia ensuite deux nouvelles : l'une dans *le Siècle* : L'EXPIATION ; l'autre : LES TROIS SŒURS RIVALES, dans *la Presse*.

Le Siècle s'attacha sa collaboration, et publia successivement de ce romancier :

UNE FEMME HORS LIGNE. C'est une critique de l'esprit étroit et intolérant de la province, de la vie insupportable que cette intolérance crée aux femmes dont le caractère indépendant et fier ose braver les préjugés du monde.

UN DRAME ÉLECTORAL. L'auteur y met en scène les intrigues du parti clérical et conservateur contre un candidat libéral qui n'a d'autre titre que son mérite personnel.

Dès ce moment, les tendances de M.-L. Gagneur s'accentuent, ainsi que les qualités de son style, « original, comme on l'a dit, à force de naturel ».

LA CROISADE NOIRE. Ce roman, arrivé à sa septième édition, reproduit en plusieurs langues, et qui est resté l'œuvre capitale de M.-L. Gagneur, attira fortement l'attention et valut à l'auteur dès le début de violentes attaques comme de ferventes admirations.

C'est une vaste mise en scène du duel engagé entre l'esprit du passé et l'esprit moderne, sur tous les terrains : politique, religieux, moral, philosophique et scientifique. Aussi, aujourd'hui où cette lutte semble s'envenimer, *la Croisade noire* est-elle plus actuelle que jamais.

La portée très-élevée du livre n'enlève rien d'ailleurs à l'intérêt dramatique, au pathétique des situations, ni à la verve satirique avec laquelle sont flagellées les manœuvres congréganistes.

LE CALVAIRE DES FEMMES, en deux volumes : *Les Pécheresses, Les Réprouvées.* C'est le tableau à la fois le plus fidèle et le plus émouvant de la situation de la femme dans toutes les conditions. L'auteur y dépeint avec l'observation et la chaleur qui lui sont propres, toutes les souffrances des classes populaires, tous les martyres de la femme pauvre. Il met en relief les vices de l'organisation actuelle du travail dans ses trois modes : la manufacture, l'atelier et le travail isolé, appelé : travail en chambre. Il conclut à l'association et à la coopération.

Cette portée sociale se dégage constamment des complications du drame, des situations les plus pathétiques.

Dans ce roman, comme dans *la Croisade noire*, l'auteur a l'art d'incarner dans ses personnages la thèse qu'il soutient. Aussi le lecteur est-il emporté par l'intérêt, sans ressentir aucunement l'aridité particulière aux démonstrations économiques ou philosophiques.

En 1869, M.-L. Gagneur publia LES FORÇATS DU MARIAGE. C'est la critique du mariage actuel, des souffrances qu'il cause, souffrances rendues irrémédiables par l'indissolubilité du lien conjugal. L'auteur y conclut déjà au divorce.

Le dernier roman de M.-L. Gagneur, CHAIR A CANON, fut publié d'abord dans *le Corsaire*. C'est toute l'histoire de la dernière guerre, présentée sous la forme attrayante et populaire du roman. Que de combats homériques! Que de luttes sauvages! Que de ruines! Que de désastres !

Dans un immense panorama, l'auteur de *Chair à canon* déroule tout ce drame si rapide et si effroyable, ce drame sans précédent. Chacun des types glorieux, touchants ou sinistres qui ont surgi dans cette terrible période, y rencontre une incarnation.

Ce qui ressort de cette œuvre saine, patriotique et vigoureuse, c'est la haine de ces rois qui ne voient dans leurs peuples que de la chair à canon, et qui, dans un intérêt d'ambition personnelle, les conduisent au massacre et à la ruine ; c'est la régénération ; c'est la revanche par l'instruction et par le triomphe de l'idée démocratique, qui seule peut fonder dans l'avenir l'union des peuples, la République universelle.

Victor POUPIN.

Outre ces œuvres de longue haleine, M.-L. Gagneur, préoccupé de la lutte si grave et si décisive engagée entre les Monarchistes et les Républicains, a entrepris, en vue de la propagande républicaine, une série de petites brochures politiques à 20 centimes, présentées sous la forme dramatique. Ce sont :

JEAN CABOCHE, qui obtint et obtient encore un immense succès dans les campagnes ;

LES MÉSAVENTURES ÉLECTORALES DU BARON DE PIROUETT, DÉPUTÉ DU CENTRE DROIT ;

Enfin, tout dernièrement, LA PART DU FEU, ou les Terreurs du bourgeois Prudence et de son ami Furibus. L'auteur y fait ressortir surtout l'importance et l'urgence de la question sociale, question que dans tous ses ouvrages M.-L. Gagneur a toujours placée au premier rang.

LE DIVORCE

La question du divorce est posée de nouveau.

Tous les esprits justes, éclairés, vraiment libéraux, réclament aujourd'hui cette réforme, en faveur de laquelle plaident plus éloquemment encore les nombreux drames que nous voyons chaque jour se dérouler devant les tribunaux.

Quels arguments valent les faits ?

Le terrible événement que nous allons raconter, quoique resté ignoré, prouve mieux peut-être que les procès les plus retentissants, à quelles fatales extrémités peut conduire l'indissolubilité du nœud conjugal.

Voici d'abord une lettre qui donne sur les antécédents des principaux acteurs de ce drame des détails indispensables à l'intelligence de notre récit.

I

LETTRE DE DANIEL DUCLOS A SON AMI X***

« Ah ! mon ami ! quel malheur est le mien ! Un conseil, je t'en prie ; car je sens par instants que la raison, le sens moral même m'abandonnent.

« Pardonne mon long silence : viens à mon secours. Ta vieille affection peut seule m'aider à surmonter cette crise,

la plus cruelle que j'aie encore tra-
versée.

« Si depuis six ans bientôt j'ai cessé
de correspondre avec toi, n'en accuse
pas mon amitié. Le malheur d'un mari
trompé, assez faible pour pardonner,
n'excite pas grande pitié ; et tu es si
sceptique à l'endroit de l'amour et du
mariage, que j'ai craint de te faire sourire en te racontant mes douleurs intimes.

« Il y a quatre ans, tu le sais, que je
suis séparé de la femme indigne que
j'ai tant aimée. Qu'ai-je fait, que
suis-je devenu depuis cette époque ?
J'ose à peine te l'avouer.

« Tu connais mon cœur ardent, passionné. Eh bien ! ce cœur, que je croyais brisé, mort à jamais, vit encore ; cette ardeur, que je croyais éteinte, s'est ranimée avec une violence qui m'épouvante.

« J'aime comme je n'ai jamais aimé !

« Par une étrange moquerie du destin, autant j'ai souffert autrefois de la nature vicieuse de Berthe, autant je souffre aujourd'hui de la pureté de celle que j'aime.

« Si tu la connaissais, tu croirais à la vertu, tu comprendrais que depuis trois ans je n'aie pas encore osé lui avouer mon amour ; tu comprendrais que devant ce front noble et candide, je tremble comme un enfant, et que toutes les fureurs de cette passion sans espoir se calment au son de sa voix si douce et si pure, pour renaître plus impétueuses dès que je suis hors de sa présence.

« Celle que j'aime ainsi est précisément la femme de Raoul de Givry, de celui qui m'a enlevé l'amour de Berthe. Elle a donc souffert comme moi ; car elle aimait son mari comme j'aimais ma femme, de toutes les forces de son être, avec toutes les adorations de son âme religieuse et tendre.

« Cet homme, dont son amour exalté avait fait un dieu, l'a trompée, volée, couverte d'opprobre, comme la perverse créature que je croyais aussi un être parfait, presque divin, m'a trahi, ruiné, déshonoré.

« Comme moi, la chère âme a été cruellement déçue ; comme moi, elle a durement expié sa méprise. Souvent elle a été témoin de mes tortures, comme j'ai vu les siennes.

« Dès ce moment s'établit entre nous une secrète sympathie. Mais nous étions alors trop malheureux pour nous arrêter à cette impression, et songer à l'analyser.

« Nos idoles brisées, nous avions fait serment tous deux de ne plus aimer.

« Hélas ! elle a tenu son serment, elle ! L'affection qu'elle me témoigne ne s'est jamais écartée de la plus pure amitié, tandis que moi...

« Ah ! mon ami, chaque jour depuis trois ans, je sens avec un véritable effroi cet amour grandir dans mon cœur, envahir tout mon être. J'ai essayé de le dominer, de le vaincre. J'ai cru qu'en la voyant de plus près, qu'en vivant dans son intimité, l'amitié l'emporterait à la fin sur ce sentiment véhément. C'est ainsi que je m'abusais moi-même pour avoir un prétexte de rester auprès d'elle.

« Depuis que je suis séparé judiciairement de ma femme, depuis que madame de Givry a également obtenu la séparation, nous nous voyons presque chaque jour.

« J'ai voulu mettre un peu plus d'intervalle dans mes visites ; mais passer une semaine sans la voir, c'est au-dessus de mes forces ; et puis elle me fait sur mon absence de si tendres reproches, que je reprends mes visites quotidiennes, je recommence à m'enivrer du charme pénétrant qu'exhale sa chaste et suave beauté, son âme sereine, son cœur si tendre et si bon. Puis quand je la quitte, le vertige me saisit de nouveau, je retombe dans mon délire. C'est une fièvre qui me consume.

« — Les distractions, diras-tu, prends une maîtresse.

« Toutes les autres femmes me font horreur. Je suis absolument monogame. Aujourd'hui, je ne puis aimer que la douce, l'adorable Louise qui, elle, ne m'aimera jamais comme je l'aime.

« Tu me diras encore que pour savoir si elle m'aime, il faut lui déclarer mon amour.

« A supposer que je l'ose, elle est si pure qu'elle ne comprendrait pas mes tortures. Peut-être même me repousserait-elle avec mépris.

« Sans être superstitieuse, elle est religieuse, elle a surtout la religion du serment. Quels que soient les torts de son mari, elle lui a juré fidélité éternelle ; elle ne se croit pas déliée de son serment, parce que son mari n'a pas tenu le sien. Et puis elle a un enfant ; elle ne voudrait pas avoir à rougir un jour devant lui.

« Ah ! si le divorce était établi, peut-être arriverais-je à vaincre sa résistance ; mais nous sommes deux forçats du mariage, rivés à une chaîne odieuse que nous ne pourrons jamais briser, sans que mon adorée Louise perde l'estime du monde et l'estime d'elle-même.

« Cette inflexibilité de la loi est atroce. A quoi donc pensaient ces législateurs qui nous ont voués à un pareil supplice ? Sans doute ils n'ont jamais souffert comme nous.

« Quoi ! parce que je me suis trompé sur le caractère de la femme que j'ai épousée, je ne pourrai jamais réparer cette erreur.

« Quoi ! parce que cette femme indi-

gné a eu des torts envers moi, parce
qu'elle a été coupable, me voilà con-
damné, moi, innocent, à la souffrance,
à l'isolement éternels ; je serai une
sorte de paria dans la société. Aucune
femme honnête ne pourra m'aimer.

« Et si je parvenais à me créer une
famille en dehors du monde, en dehors
des lois, il faudrait la cacher, il faudrait qu'elle rougît et souffrît à cause
de moi. Comment exposer à la honte la
femme qu'on aime, celle qu'on voudrait
honorée, respectée de tous !

« Et ses enfants, mes véritables enfants, je ne pourrais les reconnaître
devant la loi ; tandis que la fille de
Berthe, cette enfant que j'ai adoptée
par pitié parce que sa mère l'a aban-

donnée, mais qui n'est pas à moi, pourra porter mon nom et le déshonorer peut-être, comme sa mère.

« Voilà la justice humaine !

« C'est pour pallier tant d'inconséquences qu'elle est obligée, parfois, de tolérer l'assassinat...

« Que de fois je l'ai maudite, cette société despotique, absurde, qui vient s'immiscer dans mes affections les plus intimes, s'interposer entre moi et la femme que j'aime ! Et de quel droit me condamne-t-elle à la solitude, aux stériles regrets, au martyre ? Oui, je la hais, je la repousse. Que ne puis-je la fuir, aller chercher en pays étranger des lois plus humaines et plus sages ?

Que ne puis-je la fuir surtout, pour échapper à la folie qui par instants s'empare de mon cerveau, de mes nerfs malades, la folie du crime?.....

« Crois-tu donc que le jour où je ne pourrais plus dominer la colère qui parfois bouillonne en moi, le jour où, malgré moi, je tuerais cette femme, le seul, l'odieux obstacle à mon amour, je serais bien coupable?

« Non. La loi qui, sous prétexte d'ordre social, m'a enfermé à jamais dans cette cage de fer des liens indissolubles, a perverti ma bonté native et développé en moi les instincts féroces. Elle seule serait responsable de mon crime.

« Pourtant, comme il me serait facile de l'oublier, cette femme, et même de lui pardonner, si nous pouvions briser la chaîne qui nous lie !

« Si je pouvais retrouver avec une autre le bonheur d'une sainte affection et ces joies de la famille que je cherchais surtout dans le mariage, je n'aurais pas ces colères et ces désespoirs !

« Si seulement j'avais un enfant à moi pour me consoler, sur lequel reporter toute la tendresse dont mon cœur déborde, qui m'oppresse, qui m'étouffe ; si Juana était ma fille, peut-être supporterais-je mon malheur. Mais rien, rien, personne à aimer ! A cette pensée, les sanglots me suffoquent. Si ton amitié ne peut me guérir, mon parti est pris. La loi, d'ailleurs, ne me laisse pas d'autre alternative : le suicide ou le crime.

« Ton malheureux ami,

« DANIEL DUCLOS. »

II

Daniel Duclos s'était marié, comme la plupart se marient, sans connaître beaucoup la jeune fille à laquelle il se liait à jamais.

Mademoiselle Berthe Delormel était une orpheline pauvre, élevée par une aïeule malade et maussade. Sa situation malheureuse avait intéressé Daniel plus encore que sa beauté ne l'avait séduit; car il avait l'âme dévouée: il voyait là un être à protéger; il saurait se faire aimer à force d'affection; et, à défaut d'une tendresse aussi profonde que la sienne, il espérait du moins trouver la reconnaissance.

Mais cette jeune fille qu'il croyait pure, qu'il croyait libre, s'était donnée déjà à un homme qu'elle aimait toujours et qui, lui, l'abandonnait pour épouser une dot.

C'était le comte de Givry, l'un de ces oisifs fastueux appelés rois de la mode, et dont tout Paris, le tout Paris élégant, s'entretint un moment, célébrant ses galantes aventures, ses duels et ses succès sur le turf.

Pendant que Daniel Duclos épousait Berthe Delormel, Raoul de Givry épousait Louise Rabourdet, la fille d'un marchand de coton, qui achetait à sa descendance, moyennant une dot princière, un titre et un blason.

Une fois mariée, Berthe, ardente et romanesque, voulut revoir Raoul, le ramener à elle.

Elle y parvint.

Daniel et Louise, natures élevées et constantes, furent alors impitoyablement sacrifiés aux passions impétueuses de ces deux êtres égoïstes et mobiles.

Louise, un peu passive, souffrit en

silence jusqu'au jour où, se trouvant
ruinée, insultée par son mari, elle demanda la séparation, pour conserver à
son enfant les dernières épaves de sa
fortune.

Daniel, lui, essaya de lutter, de ramener sa femme au devoir, de se faire
aimer en redoublant de dévouement et
de mansuétude. Il pardonna, et tenta
de soustraire cette femme, qu'il ado-
rait encore, malgré ses fautes, aux
entraînements du vice. Mais ce cœur
insaisissable lui échappa de nouveau ; elle fit plus, elle quitta son
mari.

La situation de Daniel vis-à-vis du
monde devenait désormais impossible.
Il ne pouvait plus pardonner. Il plaida

aussi en séparation et gagna sa cause. Mais que de péripéties, que de tortures avant d'en arriver là !

Avec des goûts calmes et modestes, il avait eu l'existence la plus tourmentée, la plus douloureuse; son besoin d'affection, son dévouement n'avaient rencontré que la plus odieuse ingratitude, presque la haine.

Aussi accepta-t-il alors comme un bienfait véritable la tranquille amitié que lui offrit madame de Givry.

Mais on a vu comment cette amitié s'était changée bientôt en une violente et irrésistible passion.

A sa lettre désespérée, son ami

s'empressa de répondre que la fuite seule pouvait le sauver.

— « On ne brise, lui disait-il, le magnétique de l'amour que par la séparation. »

III

Daniel essaya de suivre ce conseil. Il quitta Louise, sous prétexte d'aller en Bretagne lui préparer une habitation à Roscoff, où elle se disposait à passer la saison des bains de mer.

Quinze jours après ce départ, Louise,

alarmée depuis quelque temps de la tristesse de Daniel, lui écrivit :

« Mon ami,

« Je pars pour Roscoff, où vous avez eu l'obligeance de me retenir une chaumière; mais vous ne me dites pas que vous en ayez retenu deux : c'est là ce qui m'inquiète. La chaumière n'est supportable qu'avec un cœur, et je ne puis me passer du vôtre. Depuis votre départ, je suis obsédée par toutes sortes de diables bleus. Pourquoi nous avez-vous quittés aussi brusquement? Et puis vos visites plus rares cet hiver, et puis cette seule et unique chaumière, et puis vos lettres laconiques, et puis, et puis... Je me fais tant et tant de questions, je me livre à des suppositions si fantastiques que je n'en dors plus; et l'idée que vous avez peut-être un secret chagrin m'ôte l'appétit.

« Vous savez que votre amitié est mon seul bonheur en ce monde; et si je devais la perdre... Mais j'ai tort d'écrire cela. D'abord ce ne sont peut-être que des chimères, que se forge mon esprit inquiet, dans la solitude absolue où je vis depuis votre départ. Auriez-vous quelque projet, quelque affection, que sais-je? Mon Dieu! je suis folle. Pardonnez-moi.

« Vous êtes si bon! j'en abuse pour vous tourmenter. Non, il n'y a rien, n'est-ce pas? Vous m'aimez toujours comme votre meilleure amie, et vous ne m'abandonnerez pas. Vous viendrez à Roscoff. Je le veux, je le veux, je le veux.

« Vous m'avez tant gâtée, depuis quatre ans, que je ne mets plus de bornes à mes exigences. C'est votre faute.

« D'ailleurs, que deviendrait mon Charlot sans sa petite Juana? Il la réclame tous les jours. C'est au point que j'en ai des impatiences. Cependant Juana me manque aussi.

« Une idée qui me bouleverse, parce que je connais votre excessive délicatesse : auriez-vous entendu quelque propos sur notre intimité ?

« Mais vous savez mes sentiments à

ce sujet : quand on est fort de sa conscience et de son droit, il faut mépriser ce monde injuste et corrompu, ce monde si tolérant pour ceux qui se soumettent hypocritement à ses lois, et si sévère envers ceux qui marchent loyalement devant eux, sans se soucier de ses calomnies.

« D'ailleurs, là-bas, à Roscoff, nous serons heureux, tranquilles, ignorés. Les bruits du monde ne pourront nous y atteindre.

« A bientôt, n'est-ce pas ? très-bientôt. Car vous ne voudriez pas nous causer à tous un immense chagrin.

« LOUISE. »

Roscoff est un petit port de Bretagne, encore inconnu du monde élégant et joyeux qui, chaque année, se répand sur les côtes de l'Océan.

Roscoff, d'ailleurs, par la sévérité de son aspect, ne plaît guère qu'aux artistes et aux âmes reployées sur elles-mêmes dans une grande pensée, ou dans un grand sentiment; car Roscoff est à la fois affreux et splendide.

Ville noire. — Mer terrible. — Rochers sinistres.

On arrive à Roscoff, et l'on sent son cœur se serrer. On y reste en voulant fuir.

Un charme secret vous y retient,

vous y fixe, et l'on s'aperçoit que ce coin sauvage possède d'attachantes beautés.

Il faut être artiste pour en découvrir les harmonies mystérieuses et les puissants contrastes.

La mer y mugit comme nulle part.

Elle y **vit**, elle y palpite, elle y a des fureurs léonines, elle y déracine des granits géants, et arrache aux gouffres où elle s'abîme des blocs démesurés, qu'elle vomit sur ses rives.

Et puis, au milieu de cette nature grandiose, âpre, austère, des îles verdoyantes, des baies calmes et chaudes, qui font rêver aux sites colorés de la côte napolitaine; des cimes de rochers enguirlandées de lierres et de lianes, ouvrant aux amours, dans leurs flancs creusés par la vague, des nids frais et charmants, d'où l'on entend le flot soupirer sur les grèves.

Enfin, le gulf-stream y promène son eau tiède et y nourrit toute une flore terrestre et marine, dont les grâces délicates, les senteurs, les formes exotiques, la luxuriante végétation, jettent un peu de lumière et de sérénité, comme un sourire, dans ce paysage sombre et tourmenté.

C'est là que Louise vint s'établir avec son fils et une seule femme de chambre qu'elle affectionnait particulièrement.

Louise avait prié Daniel. de venir l'attendre à la station de Morlaix. Il oublia le conseil de son ami; il se montra faible une dernière fois. Pouvait-il laisser à Louise les embarras d'un transbordement, d'une installation?

La vérité, c'est que, depuis quinze jours, il se mourait de ne plus la voir.

— Bah! se dit-il, je la quitterai demain. Ce sera toujours assez tôt.

Il se trouva donc à Morlaix pour la recevoir.

A l'altération de ses traits, à son embarras, à sa voix émue, au tremblement qu'il éprouva, quand Louise s'ap-

puya sur lui, elle devina qu'elle ne
s'était pas trompée, qu'un secret chagrin le torturait; elle devina qu'il l'aimait, et luttait de toutes ses forces
contre cet amour. Aussi n'osa-t-elle
pas lui demander de vive voix l'expli-
cation des bizarreries qu'elle lui repro-
chait dans sa lettre.

Le lendemain, le surlendemain, Daniel pensa de nouveau à fuir. Mais son
amour ingénieux trouvait de nouveaux
prétextes pour rester.

Ils reprirent donc leur existence des
années précédentes. Louise évitait les
trop longs tête-à-tête le soir, au bord
de la mer; le jour, les enfants étaient

là. Elle avait peur, non pas de Daniel, mais d'elle-même. Toutefois, elle ne se rendait pas bien compte encore que cette crainte, mêlée d'attrait, fût aussi de l'amour.

Elle s'était fait une telle habitude de la société de Daniel, de ses attentions, de ses soins, qu'elle ne pouvait passer un jour loin de lui sans souffrir. Maintenant qu'elle avait un ami sur qui s'appuyer, un cœur en qui verser ses peines passées, ses espérances en l'avenir; maintenant surtout qu'elle était aimée comme elle avait souhaité de l'être, elle avait repris confiance, et croyait au bonheur.

Daniel, en face de cette confiance, de

cet abandon, se laissa aller, lui aussi,
à l'espoir.

Il avouerait son amour.

Mais, au moment de parler, sa timi-
dité l'emportait. Cet aveu refusait de
sortir de ses lèvres.

Il se trouvait laid d'ailleurs, avec
son teint basané, avec ses traits fatigués et tristes; et puis le chagrin avait
prématurément blanchi ses cheveux,
tandis que Louise était encore si belle!

Elle avait trente ans, c'est-à-dire
qu'elle était dans toute la splendeur de
la jeunesse, dans l'achèvement de sa
beauté. Depuis que Raoul était effacé
de son souvenir, son visage, pâli par

la souffrance, avait repris ses teintes rosées; ses yeux, un éclat voilé d'ombre, et son sourire, encore un peu tristo, avait recouvré pourtant une grâce juvénile.

Mais ce calme relatif ne dura pas longtemps.

La fièvre le reprit bientôt et la révolte aussi. Il redevint emporté, irascible. Plus intolérable même fut sa souffrance; car il voulait avouer et il n'avouait pas; il voulait fuir et il no fuyait pas.

Et, comme à Paris, dès qu'il était en sa présence, dès qu'il rencontrait son regard calme et son frais sourire, dès qu'il entendait sa voix douce, un peu plaintive, dès qu'il se sentait enveloppé par le charme apaisant que dégageait toute sa personne, il se trouvait soudain rasséréné, plus attendri que troublé.

Toutefois, cet amour entravé était arrivé, comme il l'avait écrit à son ami, à cette période de souffrance aiguë où il devient une véritable maladie morale, une idée fixe, presque une folie.

IV

Un soir, ils étaient rentrés plus tôt que d'habitude. Le temps pronostiquait une tempéte. L'atmosphère, chargée d'électricité, accablait et surexcitait en même temps.

Les enfants, fatigués par la chaleur du jour, luttaient péniblement contre le sommeil.

D'ordinaire, Louise ne les couchait qu'après le départ de Daniel, car elle gardait aussi Juana pendant leur séjour au bord de la mer.

Ce soir-là, elle les envoya reposer de meilleure heure.

— Voyons, chers enfants, leur dit-elle, venez faire votre prière.

Et tous deux, agenouillés devant Louise, les mains jointes sur ses genoux, récitèrent leur prière du soir.

Louise, sans être exagérée dans sa dévotion, était pieuse. Son esprit un peu faible, chez lequel le sentiment dominait la raison, n'était pas affranchi des préjugés religieux. Mais sa piété était douce et élevée comme son âme.

Quand les enfants eurent terminé, elle ajouta avec un accent pénétré :

— Mon Dieu, veuillez que ceux qui nous ont fait du mal ne soient pas punis de leurs fautes, et pardonnez-leur comme nous leur pardonnons.

Daniel, à ces paroles, sentit ses **yeux** se mouiller.

— Qui donc t'a fait du mal, maman? s'écria le petit Charlot. Je voudrais bien le savoir, car je ne lui pardonnerais pas du tout.

— Moi non plus, fit Juana, qui répé-

tait ordinairement ce que disait Charlot.

— Voyons, Charlot, si tu avais battu
Juana, et si Juana, au lieu de te le rendre, venait t'embrasser, ne serais-tu
pas honteux de ta méchanceté et dis-
posé à devenir meilleur ? Eh bien ! mon
enfant, la plus belle et la plus terrible
vengeance que l'on puisse tirer du mé-
chant, c'est le pardon et la bonté.

— Pourtant, je t'assure, mère, qu'on
ne peut pas toujours être bon. Quand
on nous frappe, encore passe ; mais
quand on nous manque de respect...

— Qui donc vous aurait manqué de
respect, monsieur Charlot ? dit en sou-
riant Louise.

— D'abord, qu'est-ce que des bâtards? demanda l'enfant.

— Pourquoi cette question?

— C'est qu'aujourd'hui, sur la plage, j'ai entendu une femme qui disait, en nous voyant passer : « Ce sont les petits bâtards, les enfants de cette femme blonde que vous voyez là-bas avec ce monsieur noir. » Alors j'ai demandé au petit pêcheur qui nous ramassait des coquillages ce que c'était que des bâtards. Il m'a répondu : « Ce sont des enfants qu'on méprise, parce que leurs parents ne sont pas mariés; » et il m'a demandé à son tour si tu étais mariée avec le monsieur noir.

— Et qu'as-tu répondu ? reprit Louise troublée.

— J'ai dit que je connaissais bien papa, que ce n'était pas M. Duclos. Alors il a eu un vilain rire qui m'a mis très-fort en colère, et je n'ai plus voulu répondre à ses questions ni à celles de cette vilaine femme qui était venue nous rejoindre.

— Tu as bien fait, mon enfant.

— Nous ne sommes pas des bâtards, n'est-ce pas, maman?

— Non, mon enfant.

— Et papa vit toujours?

— Oui, certainement.

— Il ne nous aime donc pas, qu'il ne vient jamais nous voir?

— Et maman, dit aussi Juana, vit-elle toujours?

— Oui, répondit Daniel.

— Je vois bien que tu ne l'aimes pas. Pourquoi? Est-ce qu'elle t'a fait du mal?

— Tu sais, Juana, que je t'ai défendu ces questions.

— Eh bien! moi non plus, je ne l'aime pas. Je me rappelle une belle dame avec de grands yeux qui me fai-

saient peur, tandis que toi, quoique tu
ne sois pas si beau, et qu'on t'appelle
le monsieur noir, tu ne m'as jamais fait
peur. D'ailleurs, moi, je te trouve beau,
petit père, ajouta-t-elle en sautant sur
les genoux de Daniel, parce qu'il n'y a
personne d'aussi bon que toi; c'est maman Louise qui le disait hier.

Daniel et Louise se regardèrent, et,
dans ce regard, leurs cœurs s'étreigni-
rent.

Louise appela la femme de chambre
qui vint chercher les enfants.

Cette femme du peuple avait eu aussi
une bien douloureuse existence.

Elle avait épousé, fort jeune, un

homme brutal, jaloux, ivrogne, qui
l'avait battue, dépouillée, puis abandonnée. Enfin, entraîné par ses cama-
rades de cabaret, il avait commis un
vol avec effraction et subi dix ans de
bagne. Cette femme, d'une conduite ir-
réprochable, avait été fort belle, et
Louise lui témoignait un vif intérêt à
cause de ses malheurs plus grands,
plus irrémédiables que les siens propres; car, pour le peuple, les tortures
du cœur s'accroissent de toutes les
souffrances de la pauvreté.

La misère, la douleur avaient dé-
truit chez cette femme encore jeune,
tout vestige de beauté. Que de tour-
ments accusaient les rides prématurées
de son front! Que d'amertume dans les
plis de ses lèvres !

— Qu'a donc Annette? demanda Daniel quand il se trouva seul avec Louise. Il me semble qu'elle a les yeux rouges, et elle paraît plus triste encore que de coutume.

— Son mari lui a écrit de nouveau ce matin. Toujours cet odieux chantage. Il lui enlèvera son fils, si elle ne lui envoie pas d'argent. Sans doute, il en a perdu le droit; mais Annette lui fait passer tout ce qu'elle gagne, de peur d'un mauvais coup.

— Pauvre femme! se trouver liée pour la vie à un être pareil, un forçat!

— C'est affreux! soupira Louise. La terreur d'Annette, c'est qu'il ne périsse un jour sur l'échafaud.

— La loi, reprit Daniel, ne devrait-elle pas du moins prévoir des cas semblables, et rompre des liens qui rivent l'existence d'un être honnête à celle d'un criminel?

Ces demi-séparations ne sont-elles pas plus immorales, plus douloureuses, plus funestes même à l'ordre social que le divorce? Car la séparation désunit sans délivrer; elle condamne à une sorte de suicide moral des cœurs faits pour aimer. Pourquoi pas le divorce? Les enfants, dit-on. Mais la séparation, aussi bien que le divorce, ne brise-t-elle pas pour eux la vie de famille?

Je prétends, moi, que la séparation est aussi douloureuse pour les enfants que pour les parents; qu'elle leur fait une situation aussi fausse. Vous le voyez bien : votre enfant, aujourd'hui, a failli rougir de vous, parce que votre position est équivoque, et la sienne aussi.

Vous le voyez bien : malgré la pureté de votre vie, vous serez toujours soupçonnée, votre vertu sera toujours suspecte. Vous avez beau n'être que victime, le monde vous traite en paria; vous êtes une sorte de déclassée.

Que sont donc les vils intérêts d'argent que prétend sauvegarder le Code, à côté des droits du cœur, à côté de l'honneur? N'est-elle pas inique, immorale, flétrissante, au lieu d'être protectrice, cette loi qui ne rompt que la communauté des intérêts, et qui laisse subsister, quand elle ne la crée pas, la communauté du déshonneur ?

Ils avaient souvent ensemble abordé cette question ; mais jamais Louise n'avait entendu Daniel s'élever avec cette véhémence contre la loi qui les vouait l'un et l'autre à un malheur irréparable, éternel.

— Ce n'est pas seulement la loi civile, objecta Louise timidement, c'est la loi religieuse, mon ami, qui s'oppose au divorce.

— La loi religieuse ! Je respecte votre foi, madame, si elle vous a aidée à supporter le malheur. Mais dans votre tradition religieuse même, on trouve des arguments en faveur du divorce.

La religion juive l'admettait. Saint Augustin en démontra la nécessité et la justice. Plusieurs conciles l'ont consacré. Enfin, que de mariages les papes ont cassés ! S'ils ont déclaré l'indissolubilité du mariage, c'était afin de mieux établir leur suprématie sur les souverains, en se réservant pour eux seuls le droit de rompre ce lien selon leur intérêt ou leur caprice. Ils y ont vu une question politique bien plutôt qu'une question religieuse. Car nulle part l'Évangile ne proclame l'indissolubilité du lien conjugal.

D'ailleurs, sous peine d'impiété, nous ne pouvons prêter à Dieu des exigen-

cès aussi injustes, aussi barbares. Non,
car Dieu est équitable et bon : il nous
a créés pour le bonheur ; surtout il
nous a faits libres, il veut la libre
expansion de notre cœur. Les hommes
seuls sont iniques ; ils n'ont pas le sentiment de la vraie loi morale et de leur
dignité.

Non, la société n'a pas le droit d'at-
tenter à la liberté individuelle en ce
qui concerne l'essor des affections, de
dire à deux êtres qui ont un cœur :
Vous n'aimerez plus. Elle n'a pas le
droit, quand personne ne doit en souffrir, d'empêcher chacun d'arranger sa
propre destinée comme il l'entend.

C'est elle qui est responsable de tous
les crimes de désirs, de tous les adul-

tères cachés et de tous les malheurs
qui en résultent.

Qui donc serait lésé, par exemple,
si vous vous remariez, si je me rema-
riais? Serait-ce votre mari, qui ne
vous a jamais aimée? Et la fortune de
son enfant serait-elle compromise, puisqu'il ne lui en a pas laissé? Serait-ce
ma femme, qui a déshonoré mon nom,
qui le déshonore chaque jour, ma
femme qui me hait, et qui sans doute
souhaite ma mort? Seraient-ce ces
pauvres enfants abandonnés? N'au-
raient-ils pas du moins une famille régulière dont ils ne rougiraient pas?
Vous-même, pure et noble femme, unie
à un être digne de vous, vous ne se-
riez plus en butte aux soupçons inju-
rieux. Enfin Annette, protégée par un

autre mari, n'aurait plus à redouter les menaces de ce bandit, et sa vie ne serait pas à jamais flétrie par ce lien qui la déshonore, elle et son enfant.

— Ah ! sans doute, vous avez raison, mon ami ; mais les lois, hélas ! sont plus fortes que nous, et nos souffrances ignorées ne les feront pas changer. Je vous en prie, ouvrez cette fenêtre. Ne trouvez-vous pas qu'il fait un peu chaud ?

Daniel se leva pour ouvrir la croisée.

Louise était oppressée : elle éprouvait une sorte de malaise. L'animation nerveuse avec laquelle Daniel venait de parler, lui faisait vaguement appréhender un danger. Elle essaya de changer de conversation.

— Vous ai-je dit que j'attendais ma mère demain? J'ai reçu un mot ce matin qui m'annonce son arrivée, si toutefois mon père consent à la laisser partir, et à lui donner l'argent nécessaire pour son voyage.

Bien que ce soit elle qui ait apporté la fortune, il lui refuse souvent l'argent le plus indispensable.

— Ah! soupira Daniel, que de victimes obscures, si complétement écrasées par le mariage, qu'elles n'ont plus même la force de se plaindre!

— Peut-être, mon ami, serons-nous

obligés de nous voir un peu moins souvent. Vous savez à quel point ma mère est jalouse de mon affection, et cette jalousie augmente de jour en jour.

— Est-ce mon éloignement que vous ordonnez, madame ? demanda Daniel bouleversé.

Au même instant, un éclair illumina le ciel, et un coup de tonnerre terrible ébranla la cabane. Une rafale poussa violemment les fenêtres entr'ouvertes, la bougie s'éteignit, un meuble renversé tomba avec fracas.

Surpris par cette brusque tempête, tous deux se levèrent à la fois. Louise jeta un cri ; tremblante, elle s'élança vers son ami, et de tout son poids s'appuya sur le bras frissonnant de Daniel, qui la serrait doucement contre lui, ainsi qu'un enfant effrayé qu'on veut rassurer.

Elle ployait davantage.

Tout le jour, à bout de courage, obsédé par cette pensée fiévreuse qui le torturait depuis quatre ans, il avait été sur le point d'avouer ses luttes, ses souffrances. A présent qu'il tenait entre ses bras cette femme tant aimée, au lieu de lui crier son amour qui débordait, il n'osait pas même le lui laisser deviner.

— Qu'avez-vous, Louise, qu'avez-

vous ? De grâce, répondez-moi, disait-il
d'une voix étouffée.

— Rien, je ne sais... La frayeur.

Elle voulut se dégager, mais elle
retomba.

Il la conduisit à son fauteuil.

— Le tonnerre... j'ai eu peur... je
vais mieux... merci, dit-elle. Restez auprès de moi, je vous en prie.

Par une étreinte nerveuse, elle lui
pressait fortement la main.

— Souffrez-vous ? demanda encore
Daniel effrayé de ce trouble.

— Non, plus maintenant. Je suis
bien, là près de vous; mais ne me
quittez pas. Suis-je assez peureuse? Quel
danger cependant pourrait m'atteindre, protégée par une amitié comme
la vôtre? La foudre elle-même ne
m'effraye plus. Et vous pensiez tout à
l'heure que je vous ordonnais de me
quitter? Mais que deviendrais-je sans
vous? N'êtes-vous pas mon seul ami,
le seul devant lequel j'ouvre ma pensée
tout entière? Après mon fils, vous êtes
ce que j'ai de plus cher au monde; et
si vous m'abandonniez, je ne pourrais
plus vivre. Loin de vous, si vous saviez
comme je suis malade, inquiète! Chaque fois que vous me quittez, il me
semble que mon cœur se déchire. Quel
bien-être on éprouve à sentir à côté de
soi une amitié si tendre, toujours en

éveil, ingénieuse à vous épargner la moindre contrariété, la plus légère souffrance !

Daniel s'était laissé glisser aux genoux de Louise.

— Merci, merci, murmurait-il en baisant pieusement ses mains.

L'orage continuait au dehors, mais avec moins de violence. Le tonnerre grondait au loin. On entendait le sourd mugissement des flots. La pluie fouettait les vitres.

Ils restèrent quelque temps silencieux, ivres de bonheur, et bercés par le bruit de la tempête.

Tout à coup Louise, cédant à un mouvement irrésistible de reconnaissance et de tendresse, prit entre ses petites mains le front de Daniel, et le baisa.

Daniel laissa échapper un cri sourd, un cri de passion. Il repoussa violemment Louise, se leva, voulut s'éloigner; mais il chancela, et tomba comme foudroyé.

En le voyant étendu, inerte, Louise fut prise d'une terreur folle. Elle se jeta sur lui, l'appela avec délire par les noms les plus tendres, et dans son égarement, elle l'entourait de ses bras.

Il revint à lui.

— Je vous aime, je vous aime, répétait-il éperdu. Vous m'aimez donc aussi? Je n'osais espérer un pareil bonheur. Mon amie adorée, ma femme, ma femme !

Il la serra dans ses bras avec transport.

— Quel vertige ! Ah ! pardonne, je suis fou !

Louise ne répondait plus ni à ses paroles ni à ses étreintes. Elle restait immobile, stupéfaite.

Cet amour si véhément l'effrayait; mais elle n'osait le repousser.

—Oui, reprenait-il avec la même ardeur, ma femme devant Dieu, puisque les hommes nous ont séparés. Nos cœurs faits l'un pour l'autre sont unis à jamais. Nous quitterons la France, veux-tu? ce monde où nous avons tant souffert, et nous irons bien loin dans un pays où personne ne nous connaîtra; un beau pays plein de soleil et de poésie, un de ces pays où il y a toujours des fleurs. Là, plus de froid, plus de souffrances; un printemps doux et éternel comme notre tendresse, comme notre bonheur. Réponds, réponds-moi donc. Tu consens, n'est-ce pas? Tu m'acceptes pour ton mari, ton soutien, ton ami à jamais. Mais ta main est froide, tu pleures. T'ai-je offensée?

— Non, vous ne m'offensez pas,

Daniel. Rien de vous ne peut m'offenser ; mais je pleure, parce que le bonheur que vous m'offrez, que je désire autant que vous, est impossible.

Ce ne sont pas, je vous l'ai dit, les hommes seulement qui nous séparent ; c'est Dieu, c'est ma religion, c'est ma conscience. Vous céder serait un crime, une souillure que ni le monde, ni Dieu, ni moi-même, ni nos enfants peut-être ne nous pardonneraient. Non, je ne puis, je ne veux pas faillir à mon honneur, à ma dignité.

Sans doute la conduite de mon mari me rendrait excusable ; mais parce que j'ai épousé un homme indigne, en suis-je plus autorisée à manquer à mes devoirs, à mes serments ? Cependant je suis heureuse que vous m'ayez avoué votre amour. Maintenant, il n'y aura plus de secret entre nous. Je devinais que vous me cachiez une souffrance, je ne pouvais y remédier, puisque je l'ignorais; mais à présent, je saurai l'apaiser, la guérir.

Elle se releva, ralluma la bougie; car toute cette scène s'était passée à la lueur des éclairs incessants qui déchiraient le ciel.

Quand Louise revint à Daniel, elle le trouva, la tête inclinée, le visage abattu, l'œil morne.

Il était maintenant désespéré, presque honteux de ce moment de folie... Il pensait :

— Elle est calme, elle raisonne, tandis que je délire. Elle céderait peut-être par bonté, par pitié. Mais elle ne m'aime pas; elle ne peut m'aimer. Elle est trop pure, trop parfaite; et moi, je suis trop vieux, trop laid.

Louise lui prit la main.

— Dites-moi, supplia-t-elle, que vous m'aimez toujours, que vous ne m'en voulez pas de mon refus, que vous ne me quitterez pas, que nous resterons à jamais amis.

— Oui, vous avez raison, répondit-il résigné et calme en apparence, vous ne pouvez faillir, vous! Merci de m'avoir rappelé à moi-même, merci de votre pardon! Que vous êtes bonne et généreuse! Mais il se fait tard. Il est temps que je rejoigne ma cabane.

— Vous reviendrez demain, n'est-ce pas, de bonne heure?

— Oui, de bonne heure, fit-il.

En passant devant la chambre des enfants, il demanda à les voir dormir.

Il les baisa au front tous les deux.

— Y a-t-il rien de plus beau qu'un enfant endormi! dit-il en soupirant. Quelle sérénité! Puissent les passions ne jamais les atteindre! Voyez donc, que notre Juana est belle! Vous l'aimez bien, n'est-ce pas? Vous l'aimerez toujours?

—Oui, mon ami, toujours, puisque vous l'aimez.

Au moment de le quitter :

— Promettez-moi, ajouta Louise, saisie d'une vague appréhension, promettez-moi que nous ne nous séparerons pas.

—Je vous le promets, dit-il d'une voix hésitante.

Il déposa sur la main de Louise un baiser respectueux et recueilli, dans lequel il parut mettre toute son âme.

Dès qu'elle fut seule, Louise se jeta à genoux, et laissa éclater les sanglots qui la suffoquaient.

— Mon Dieu, mon Dieu! Comme je
l'aime! s'écria-t-elle en joignant les
mains avec désespoir, donnez-moi la
force de lui résister. Lui résister!
Pauvre cœur, si bon, si dévoué! Lui
qui a déjà tant souffert, le faire souffrir
encore, c'est horrible.

Elle marchait maintenant à travers
la chambre, indécise, troublée. Elle se
rappelait la résignation douloureuse,
le désespoir contenu qu'exprimait tout
à l'heure le visage de Daniel.

— S'il allait partir!... Ne plus le
voir!...

A cette pensée, elle était saisie d'une
sorte d'égarement, l'air manquait à sa
poitrine, et son cœur s'arrêtait de bat-

tre. Elle songeait à courir chez lui, à se jeter à ses pieds.

Elle alla jusqu'à la porte, l'ouvrit; mais la tempête, qui redoublait en cet instant, la repoussa violemment.

Elle rentra.

— Je suis folle, se dit-elle. Me quitter, le pourrait-il? Nos cœurs ne sont-ils pas si étroitement liés qu'ils sont comme rivés l'un à l'autre?... Et cependant, pour résister à cet amour, il faudrait fuir, je le sens bien. Pardonnez-moi, mon Dieu! je ne le pourrai pas. Mais Daniel a raison : vous êtes bon, et vous n'ordonnez pas un pareil sacrifice, un sacrifice inutile, dont personne ne profiterait...D'ailleurs, est-ce

bien sûr que ce soit un crime? Me
donner à un homme qui m'aime autant,
que j'aime, moi, de toute mon âme,
y a-t-il rien là qui puisse blesser ma
dignité?

Elle s'arrêta, voila son visage de ses
mains.

— Est-ce bien moi qui raisonne
ainsi?

Pendant quelques instants, elle resta
accablée, la rougeur au front.

Puis, soudain se redressant avec
exaltation :

— Après tout, si c'est un crime, eh
bien! je le commettrai pour lui. Oui,

mon cœur, ma conscience, ma dignité m'y poussent. Ce qui est honteux, c'est de faire souffrir ceux qui nous aiment. Ah! qu'il me tarde de le revoir et de lui confier pour toujours ma vie, mon bonheur et mon honneur aussi, qu'il saura mieux sauvegarder que moi-même!

Plus calme maintenant, elle alla se coucher à côté des enfants.

V

Daniel, au lieu de rentrer chez lui, resta dehors sur la grève. Mais ce n'était point pour observer les horreurs grandioses de cette nuit d'orage, les incendies du ciel et la tourmente des flots.

Il marchait lentement, la tête penchée en avant. Il ne sentait ni la pluie qui mouillait son visage, ni la rafale qui, par instant, s'opposait à sa marche.

De temps à autre, il découvrait son front brûlant, comme pour apaiser la tempête qui bouleversait aussi son cerveau. Mille pensées tumultueuses traversaient son esprit désolé, semblables aux nuages grisâtres qui, poussés par le vent, couraient épars sur un fond noir.

Tout à coup il marcha plus vite, puis il revint sur ses pas comme invinciblement attiré. Il s'éloigna de nouveau avec colère.

Louise habitait une maisonnette sur la baie des Villes. Il côtoya le rivage, franchit le Rochroum, puis le fort de

Liek, et continua son chemin jusqu'à une falaise escarpée, qui dominait la mer en surplomb.

La tempête semblait se calmer. On voyait circuler sur la plage quelques vigies, quelques falots.

Il gravit le rocher. Arrivé au sommet, son regard embrassait la mer immense. D'un côté, la petite anse de Roscoff; en face de lui, l'îlot de Batz, avec son phare à feux tournants, qui éclairait de ses rayons impassibles et splendides cette lutte titanesque des éléments.

Tout à coup, il lui sembla que des voix sortaient du rocher. Il tressaillit, prêta l'oreille. Il n'entendit plus rien.

Alors il leva au ciel un regard désespéré; une dernière fois, il se tourna vers la demeure de Louise; puis, il se précipita dans le gouffre.

Au moment où Daniel Duclos parvenait au haut de la falaise, deux hommes, assis dans une anfractuosité du rocher, à l'abri de la bourrasque, fumaient et devisaient.

— Regarde donc, disait l'un, ces montagnes mouvantes qui se heurtent et se dévorent, ces embrasements sinistres succédant aux ténèbres du chaos, et ces déchirements du ciel et ces nuages semblables à des dragons en furie. Quel sujet d'étude! Je médite un naufrage pour la prochaine exposition, une œuvre magistrale.

Soudain, ils virent le corps d'un homme traverser l'espace et disparaître dans la vague.

Tous deux, d'un même élan, coururent au bord du précipice.

— Au secours! au secours! crièrent-ils; mais leurs voix se perdaient dans les mille voix de l'ouragan.

L'artiste jeta ses vêtements, et plongea.

Les secours arrivèrent. Il était temps. Plusieurs fois le sauveteur avait saisi Daniel; la vague les avait séparés. Ses forces étaient à bout.

Une heure après, Daniel, ranimé, se

trouvait couché à l'*Hôtel de Bretagne*. Il avait une forte fièvre, accompagnée d'assoupissement. Toutefois, le médecin déclara qu'un bon sommeil le remettrait, et que, le lendemain, il serait sur pied.

Mais Daniel ne put dormir. A travers la mince cloison qui le séparait de ses voisins, une conversation, qui lui parut d'abord un rêve, un effet du délire, tint son esprit en éveil.

Les deux amis qui l'avaient sauvé, soupaient avant de se coucher ; car on entendait le bruit des verres et des fourchettes se mêler à celui des paroles.

— Quelle chose bizarre ! disait l'ar-

tiste, n'ai-je pas cru reconnaître tout
à l'heure, dans mon noyé..... Bah! c'est
impossible. Il y a huit ans, tout au
plus, M. Duclos était encore fort jeune,
et cet homme a les cheveux blancs.
Pourtant, quelle ressemblance!

— M. Duclos! exclama son compa-
gnon. Serait-ce le mari de la belle Duclos, qui a, un moment, occupé tout
Paris, et à laquelle tu n'as pas été, je
crois, tout à fait étranger?

— C'est cela.

—N'est-elle pas entretenue, pour
le moment, par un riche étranger?

— Je ne sais; elle a changé si souvent! En tout cas, il faut qu'il soit ri-

che ; car il doit pourvoir, non-seulement au luxe de Berthe, mais à celui
du comte de Givry.

— Comment! ce brillant comte Raoul
serait tombé si bas ?

— Oui, mon cher, il n'a plus d'autres ressources que le jeu et la belle
Duclos qui, paraît-il, l'aime toujours
éperdument.

— Et qu'est devenue madame de
Givry ?

— Le piquant de cette douloureuse
histoire, c'est que les deux époux trom-
pés se consolent, dit-on, et se vengent
ensemble par une lune de miel qui dure
depuis quatre ans. Deux êtres bons et

constants, d'ailleurs, bien dignes de s'aimer et d'être heureux.

— Et moi qui croyais cette jolie madame de Givry une héroïne de vertu ! Ce chassé-croisé jette un froid sur mon admiration. Puisqu'elle accepte un consolateur, elle est à peu près pour moi sur le même rang que la Duclos.

VI

Or, Daniel ne perdit pas un mot de la conversation des deux amis. Une fièvre intense l'agita toute la nuit.

A quatre heures, il se leva, passa chez lui pour changer de vêtements. A six heures, il monta dans la patache qui conduit à Morlaix, et là, prit le chemin de fer pour Paris. Il y arriva le lendemain, de bonne heure.

Il entra chez un armurier, où il fit emplette d'un poignard, dont il examina la lame avec soin.

Puis il se fit conduire rue Saint-Lazare, 54, où il demanda madame Duclos.

On lui répondit qu'elle était partie pour Spa.

Il alla ensuite rue Laffitte, 27, et s'enquit de M. de Givry.

— Parti pour Spa, lui répondit-on également.

Alors il se rendit au chemin de fer de Strasbourg, et prit un billet pour Spa.

Il semblait parfaitement calme. La chaleur était accablante. Son front ruisselait. Ses doigts avaient un mouvement nerveux presque continuel. Était-ce un mouvement machinal ou un indice d'agitation intérieure ?

Il devait avoir encore la fièvre. Depuis quarante-huit heures, il n'avait pas mangé. Une ardeur singulière brillait dans ses yeux.

Il arriva à Spa, vers dix heures du soir.

Au lieu de descendre dans un hôtel, il se rendit directement à la maison de jeu.

Placé dans l'angle d'une porte, il

pouvait observer sans être remarqué.

Raoul de Givry, debout près d'une table de roulette, posait à chaque instant une poignée d'or sur un numéro.

Daniel, immobile, suivait des yeux tous ses mouvements, et de temps en temps jetait autour de lui un regard rapide.

Il était là depuis une demi-heure, quand une femme fort élégante passa à côté de lui, au bras d'un étranger.

Elle le frôla de sa robe.

Il tressaillit, regarda cette femme. Sa figure, ordinairement si placide, prit une expression effrayante. Ses na-

rines se gonflèrent, sa bouche frémit.
Ses yeux eurent un regard féroce.

Cette montée de colère dura peu.

— Monsieur, demanda-t-il d'une
voix calme à un jeune homme qui pa-
raissait observer comme lui, quel est
donc l'homme auquel cette femme
donne le bras?

— Un riche Moldave, qui a fait
sauter la banque hier.

— Et cette dame?

— Une de ces aventurières qui chaque été infestent les villes d'eaux.

Berthe en cet instant s'approchait

de Raoul, et lui parlait à demi-voix.

— Et ce monsieur auquel elle adresse la parole? poursuivit Daniel.

— Un joueur, une espèce de chevalier d'industrie, ou si vous aimez mieux, de chevalier d'amour, qui, dit-on, vit aux crochets de cette femme. Il joue avec son argent.

— Savez-vous où ils sont descendus?

— Oui, à l'hôtel Victoria. Ah! ah! ajouta-t-il, seriez-vous épris de la belle Duclos? Elle pose pour une femme honnête qui a eu des malheurs; je vous préviens qu'il faut lui payer ses malheurs.

Daniel alors sortit, se rendit à l'hôtel Victoria ; et là, en glissant une pièce d'or dans la main du garçon d'hôtel, il lui demanda une chambre voisine de celle de madame Duclos.

Le garçon sourit.

—Il y en a justement une, répondit-il, qui peut communiquer avec l'appartement de cette dame. Seulement la porte est condamnée ; mais il ne vous sera peut-être pas impossible de vous la faire ouvrir.

Daniel le suivit.

Quand il fut dans sa chambre, il examina la porte, et en dévissa la serrure avec la pointe de son poignard.

A minuit, Berthe rentra, et quelques instants après Raoul la rejoignit.

Il jeta sur la table plusieurs poignées d'or et une liasse de billets de banque.

— La veine est venue tard, mais elle est venue, dit-il, et fort à propos.

— Oui, repartit Berthe, car vous jouiez ce soir notre dernier billet de mille francs, et, sans cette aubaine...

— Eh bien ? fit Raoul.

— Il eût fallu partir.

— Pour aller où ?

— Que sais-je? A Paris.

— Ou en Moldavie, répliqua-t-il vivement. Je trouve que vous vous affichez un peu trop avec ce Moldave.

— Cela devient plaisant! Voyons, continuez.

— Me croiriez-vous jaloux?

— Je l'espérais un peu.

— Eh bien! non. Je voudrais seulement que vous ne me rendissiez pas ridicule.

— A propos de quoi cette querelle, je vous prie? dit Berthe fièrement.

— Allons ! nous avons ce soir trop de foin au râtelier, pour songer à nous battre.

— Vous croyez peut-être que j'ai fait des coquetteries à ce prince moldave ?

— Mon Dieu, oui.

— Et quand cela serait ?

— Parbleu ! je le sais bien, je n'ai pas le droit de le trouver mauvais. Eussé-je perdu ce soir, nous étions demain sans un sou. Vous songiez à vous mettre à l'abri d'un désastre. Je ne saurais que vous louer de votre prévoyance.

— Une injure semblable de votre part, c'est odieux, c'est lâche, s'écria Berthe, qui bondit sous l'insulte. Mais qui êtes-vous donc, vous, sinon le plus méprisable des hommes !

— Ma chère, tu ne me mépriseras jamais autant que je me méprise moi-même, répondit Raoul en allumant tranquillement sa cigarette.

Berthe, désarmée par cette réponse, se promena silencieusement dans .a chambre.

— Raoul !... dit-elle tout à coup d'une voix sourde.

— Quoi ?

— M'aimes-tu ? m'aimes-tu toujours ?
et veux-tu enfin n'aimer que moi, dis ?
Et je le jure, je serai à toi, à toi seul,
ton esclave, ta servante pendant la vie
entière.

N'en as-tu pas assez enfin de cette
existence agitée, tourmentée, au jour
le jour ? Le bonheur, crois-moi, ne peut
se trouver que dans une vie calme et
régulière, la vie que nous avons abandonnée pour suivre nos caprices et nos
passions. Ah ! nous portons la peine de
nos fautes ! Mais si tu voulais, nous
pourrions être heureux encore...

— C'est impossible, ma pauvre Berthe, quoi que nous fassions, nous ne
pourrons jamais justifier notre situation
aux yeux du monde. Nous sommes

maintenant des déclassés, fatalement condamnés au désordre.

En cet instant la porte de communication fut poussée violemment. Daniel, pâle, livide, effrayant, se précipita dans la chambre, le poignard levé. Il courut droit à Berthe ; et rapidement, avant qu'elle eût pu faire un mouvement, il la frappa au cœur.

Elle poussa un râle sourd et tomba.

Alors Daniel, se tournant vers Raoul, voulut aussi le frapper ; mais Raoul esquiva le coup, et s'enfuit en appelant du secours.

Quand il rentra, accompagné de plu-

sieurs hommes, on trouva Daniel tranquillement assis.

On s'approcha.

Ses deux mains étaient posées sur
ses genoux. Sa tête, inclinée en avant,
restait immobile. Ses yeux fixes, dé-
mesurément ouverts, regardaient dans
le vague. Les muscles de son visage
étaient horriblement contractés.

On lui adressa la parole. Mais au
lieu de répondre, il éclata d'un rire
saccadé, strident, effroyable...

Deux jours après, les journaux de
Paris enregistraient ainsi aux *Faits
divers* cette scène tragique :

« Spa vient d'être le théâtre d'un douloureux événement. M. D..., ancien officier de marine, a tué sa femme, dans un accès d'aliénation mentale. Il a été ramené à Paris et conduit à l'hospice de Charenton. »

POST-FACE

—

Devant ces drames terribles, ces tentations criminelles, devant les désespoirs, les tortures intimes, souvent plus intolérables que les plus révoltantes brutalités, devant toutes ces souffrances provoquées par l'indissolubilité du nœud conjugal, on comprend la polémique que soulèvent journellement nos journalistes, nos philosophes et nos auteurs dramatiques en faveur du divorce.

Chacun d'eux, selon son caractère, son tempérament ou ses croyances, fait prédominer soit le droit individuel, l'impulsion passionnelle, soit l'intérêt social. Il est bon que la question soit agitée, que les opinions les plus divergentes, les plus monstrueuses même se produisent. Le bon sens public saura prononcer.

On doit, selon nous, pardonner à M. Dumas le dénoûment brutal de son livre : *l'Homme-Femme*, et sa théorie aussi étrange que mystique du triangle, et ses dissertations comico-bibliques, et ses nombreuses contradictions, en faveur de la façon nette, précise,

avec laquelle il réclame le divorce, en
démontre la justice et la nécessité.

Peut-être M. de Girardin, dans son
ouvrage : *l'Homme et la Femme*, est-il
plus près de la vérité absolue, parce
qu'il est plus près de la liberté. Mais
tant que la société n'adoptera pas les
enfants abandonnés par le père, comme
par la mère, et ne pourvoira pas lar-
gement à leur éducation et à leur existence, le mariage est une garantie pour
la femme et pour l'enfant. Le douaire
imaginé par M. de Girardin ne saurait
le remplacer. Seulement le divorce
doit corriger le mariage, puisque l'observation de chaque jour démontre su-
rabondamment que le lien éternel est
contraire à la nature humaine, qu'il est
essentiellement oppressif et cause plus

de désordres et de démoralisation qu'il n'offre de garanties à la société.

Et, d'ailleurs, que signifient ces conseils de M. de Girardin aux jeunes filles et ces conseils de M. Dumas à son fils! Chacun n'obéit-il pas à son organisation? L'âme humaine, sous l'influence de la passion, est-elle bien libre? On agit alors comme on *peut*, et non pas comme on *veut*.

Les sermons sur la montagne, pas plus que les sermons dans la plaine, ne sont guère écoutés. Malgré les sages recommandations de M. de Girardin, la jeune fille qui aime continuera à s'abandonner sans songer plus à s'assurer le douaire qu'elle ne songe toujours, aujourd'hui, à exiger le mariage.

De son côté, le fils de M. Dumas ne tuera pas sa femme, si son tempérament ou son amour le porte à la clémence.

M. Dumas oublie, en outre, de nous dire ce qu'un homme doit *savoir*, pour avoir le droit de compter sur l'amour et la fidélité éternelle de sa femme.

Ce qui est indiscutable, c'est que tous les êtres en naissant, quelles que soient leurs facultés, leurs natures variées à l'infini, et non parquées dans ces trois catégories définies par M. Dumas, aspirent au bonheur; qu'ils le cherchent incessamment; que la première condition du bonheur, c'est la liberté, la satisfaction de nos sentiments naturels et de nos passions, et que les lois

de la société ne l'emporteront jamais
sur les lois de la nature. Les forces de
la nature sont incompressibles ; quand
elles rencontrent des obstacles, elles
les brisent en produisant le désordre et
la souffrance.

Un profond penseur l'a dit : « Ce
n'est pas à refréner les passions, mais à
les régulariser, à les diriger que doit
s'attacher le législateur philosophe. Les
institutions qui n'ont pas ce point de
départ, ont causé bien plus de crimes
qu'elles n'en ont empéché ».

On a donc lieu de s'étonner que,
dans un siècle de libre-pensée, dans un
siècle où l'autonomie de l'individu se
pose aussi impérieusement, la loi qui
consacre les liens éternels puisse en-

core se maintenir et trouver des défenseurs.

Le divorce est-il juste? demande-t-on. Est-il moral? ou bien est-il nuisible aux liens de la famille, et, partant, à l'ordre social? L'indissolubilité n'est-elle pas nécessaire à la dignité du mariage, au bonheur et à l'avenir des enfants?

La société a-t-elle le droit d'intervenir dans l'association de l'homme et de la femme? A-t-elle le droit de leur prescrire des devoirs qui, dans l'ordre naturel, ne relèvent que de l'amour, et d'en punir la violation? Aux époux seuls n'appartient-il pas de juger ce qui est utile à leur bonheur et à leur progrès moral? L'autorité sociale peut-elle exercer une pression sur l'âme et le corps des époux, s'immiscer dans leurs rapports intimes, sans porter une grave atteinte à la liberté individuelle? Est-ce que ce droit qu'elle s'arroge ne constitue pas un abus de pouvoir?

N'est-il pas admis dans notre législation, comme un principe, que tout contrat d'association, aliénant perpétuellement la liberté des contractants, est nul de droit? Pourquoi cette exception pour l'association du mariage?

Mais, d'abord, qu'est-ce que l'autorité sociale? Et qui lui confère le droit d'intervenir?

Autrefois, elle reposait sur deux principes reconnus aujourd'hui radica-

lement faux : la sanction divine et
l'inégalité. Elle était un droit pour
ceux qui l'exerçaient, qu'ils s'appelas-
sent rois, aristocrates, prêtres. Alors
les inférieurs, stigmatisés comme tels,
avaient le devoir d'obéir à leurs supé-
rieurs, prétendus élus de Dieu. C'était
Dieu qui avait dicté les lois, Dieu qui
nommait ses représentants. Telle était
l'idée autoritaire du passé.

Mais, dans l'opinion moderne, l'autorité n'est plus qu'une fonction déléguée
par les intéressés pour exécuter leur
propre volonté.

Or, quelle peut être la volonté de
deux êtres qui s'unissent? Le bonheur,
la garantie de ce bonheur, et, pour les
enfants, la sécurité de l'avenir.

Ici, comme partout, le droit nouveau est en lutte avec le droit ancien. Nos lois portent encore l'empreinte de l'antique despotisme et de l'arbitraire, d'une croyance et d'une loi morale qui croulent de toutes parts.

Sans doute, la loi essentiellement chrétienne de l'indissolubilité, car ce fut d'abord un dogme avant d'être une loi, eut sa raison d'être... Dans la primitive Église, elle a joué incontestablement un rôle moralisateur.

De plus, elle fut une protection, une garantie pour la femme qui alors pouvait être chassée du toit conjugal par un caprice du mari. Elle a sauvé ainsi la famille qui périssait à Rome par la répudiation trop facile. Elle constitua, par conséquent, un progrès.

Sans doute, dans ces temps à demi barbares, le système de l'indissolubilité fut lié au triomphe de la civilisation elle-même. On ne peut en nier d'ailleurs la grandeur morale.

Certes, l'éternité du lien conjugal serait l'idéal. C'est l'espérance de l'infini déposée dans les cœurs.

Il est impossible de s'aimer profondément, ardemment, sans souhaiter l'éternité de l'amour.

En outre, l'amour a besoin de durée, parce que c'est un élément de perfectionnement et de progrès, et parce que la famille en est le principal but;

or, on ne peut se modifier en quelques mois, ni élever des enfants en quelques années.

Enfin, la polygamie énerve les populations qui la pratiquent. Le changement de relations porte aux excès, et les excès produisent chez l'individu un affaiblissement moral et physique, qui vicie la génération dans son germe.

Quels doivent être, en effet, l'esprit et le but de toute loi morale ou sociale? Prévenir une souffrance, empêcher un mal. Avant nos moralistes et nos législateurs, la nature a posé son code de morale : elle a mis le châtiment à côté du mal, la souffrance à côté de l'abus.

Mais si, pour prévenir les abus et les

dangers réels de la polygamie, on
tombe dans un mal pire, celui d'enchaî-
ner pour la vie, comme deux forçats à
un boulet, deux êtres qui se haïssent;
si l'on arrive à faire un enfer de cette
vie conjugale qu'on a posée comme réa-
lisant l'idéal de l'amour, n'est-il pas
évident qu'il faut une loi qui brise le
lien que la loi a formé, et qui répare
les erreurs involontaires, si communes
dans le mariage ?

Nous le répétons, l'intervention sociale ne peut être qu'une délégation des
intéressés, et, par conséquent, ne doit
pas s'exercer contrairement à leur
vœu, à leur liberté intime et à leur
bonheur.

Le but et la mission de la loi, c'est

d'empêcher qu'on use de sa liberté pour faire tort à autrui. Son rôle dans le mariage doit être principalement de garantir l'exécution du contrat, de veiller à ce que les époux respectent leurs intérêts réciproques, et à ce qu'ils remplissent les charges et les devoirs de la paternité. Elle doit encore s'attacher à prévenir la démoralisation, la souffrance, l'appauvrissement social autant qu'individuel.

« Or, dans l'état de notre société, dit un de nos écrivains les plus autorisés, M. Lègouvé, la théorie absolue, sans exception, de l'indissolubilité ne ruine-t-elle pas le ménage mille fois plus que ne le ferait le divorce enfermé dans des règles sévères? Pour qui interroge les faits, il n'y a point de doute.

« Qui crée parmi le peuple tant de bigamies de fait?

« L'indissolubilité.

« Qui fait que trois ouvriers sur huit ont deux ménages?

« L'indissolubilité.

« Qui fut cause qu'en 1830, la commission des récompenses, lorsqu'elle s'occupa de secourir les veuves des combattants de Juillet, vit arriver deux ou trois veuves pour chaque mort?

« L'indissolubilité.

« Qui multiplie les enfants illégitimes hors de la famille?

« L'indissolubilité.

« Qui multiplie les enfants adultérins dans la famille?

« L'indissolubilité.

« Qui alimente la haine entre les
époux?

« L'indissolubilité.

« Qui amène les révélations scanda-
leuses et corruptrices étalées par la
justice aux yeux du monde?

« L'indissolubilité.

« Qui inspire des pensées de meurtre,

et parfois de meurtre allant jusqu'au massacre?

« L'indissolubilité.

« Or, quand un principe produit de tels effets dans une société, c'est qu'il est ou radicalement mauvais ou en désaccord avec les lois et les mœurs de cette société. »

Voici encore le raisonnement mesuré et très-solide que formulait sur cette grave question un magistrat éminent :

« Oui, sans doute, disait ce juge, qui connaissait à fond l'intérieur des familles, oui, le divorce est essentiellement contraire à l'idéal du mariage.

Mais, pour le repousser par cette raison, il faut d'abord que le mariage lui-même ne soit pas contraire à son idéal. Or, les unions actuelles ont-elles généralement rien de commun avec un contrat consenti par deux créatures libres et bénies par Dieu? Qu'on en juge par le début. La jeune fille connaît à peine le jeune homme qu'elle épouse, ne comprend pas le contrat qu'elle signe, et ne sait pas les règles légales de la position qu'elle accepte.

« Est-ce là le mariage, cette prétendue association où l'un des deux associés n'a pouvoir ni sur ses biens, ni sur sa personne? Est-ce le mariage, cette union appelée moralisatrice où l'adultère d'un des deux conjoints n'est pas puni par la loi? Est-ce le mariage, cette société pour l'éducation des enfants, où la mère n'a aucune autorité légale sur ceux qu'elle a créés? Est-ce le mariage, cette société de capitaux où la fiancée n'entre et ne compte que comme un chiffre?

« Est-ce le mariage, cette union de vanité où l'on vend une enfant de seize ans pour un titre ou une alliance? Il y a là contrat des corps et des fortunes, mais non pas fusion des âmes et des pensées. Non, ce n'est pas le mariage; et l'institution du divorce, du divorce sévèrement restreint, est la conséquence forcée de l'organisation incomplète du mariage. »

Tous les légistes et les philosophes vraiment sensés et libéraux se sont.

montrés favorables, au divorce. Déjà
Montesquieu s'exprimait ainsi :

« Le divorce était permis dans la religion païenne, et il fut défendu aux
chrétiens. Ce changement, qui parut
d'abord de si petite importance, eut in-
sensiblement des suites terribles, et
telles qu'on peut à peine les croire.

« On ôta non-seulement toute la
douceur du mariage, mais encore on
donna atteinte à sa foi; en voulant
resserrer ses nœuds, on les relâcha, et
au lieu d'unir les cœurs, comme on le
prétendait, on les sépara pour jamais.

« Dans une action si libre, et où le
cœur doit avoir tant de part, on mit la

gêne, la nécessité et la fatalité du destin même.

« Rien ne contribuant plus à l'attachement mutuel que la faculté du divorce, un mari et une femme étaient portés à soutenir patiemment les peines domestiques, sachant qu'ils étaient maîtres de les faire finir ; et ils gardaient souvent ce pouvoir en main toute leur vie sans en user, par cette seule considération qu'ils étaient libres de le faire. »

L'objection principale, la seule spécieuse qu'on oppose au divorce, c'est l'avenir et la fortune des enfants.

Mais est-il juste qu'une génération soit sacrifiée à l'autre ? Les parents ne sont donc pas des êtres humains comme les enfants, ayant droit comme eux au bonheur, à la sollicitude de la loi? A-t-on le droit de condamner un père et une mère à une vie de douleur ou à un veuvage forcé, afin de conserver à leur enfant quelque argent de plus? Car il ne s'agit que de la fortune.

Que deux époux vivent dans la désunion, ou qu'ils obtiennent la séparation, la vie de famille n'est-elle pas brisée tout aussi bien que par le divorce? Quelle éducation reçoit l'enfant? Constamment tiraillé entre deux pouvoirs contraires, quel respect conçoit-il pour le lien de famille? Il entend ses parents se charger d'accusations et de récriminations d'autant plus âcres que leur malheur est sans remède. Ainsi

constitué juge entre eux, il n'éprouve
souvent pour l'un d'eux ou même
pour tous deux que mépris et désaf-
fection.

Cette position fausse le rend nécessairement dissimulé, vicieux. Et si les
parents divisés se conduisent mal, quels
exemples l'enfant a-t-il sous les yeux ?
Si, au contraire, ces parents se rema-
riaient légalement, il les verrait contracter, il est vrai, un nouveau lien ;
mais ce lien serait honoré de tous.

Toutefois, nous sommes loin de ré-
clamer le divorce facultatif. Il ne devrait être prononcé, comme l'avait établi d'ailleurs le Code Napoléon, qu'à
la demande mutuelle et réitérée des

époux et dans les cas limités où l'on accorde actuellement la séparation.

Sans doute les enfants d'un premier mariage perdraient une partie de leur fortune ; mais n'en est-il pas ainsi quand un veuf ou une veuve se remarie ? Et les enfants adultérins introduits frauduleusement dans le ménage ne diminuent-ils pas aussi, et d'une façon plus coupable, la fortune des enfants légitimes ? Et ces autres enfants, que le mari qui n'aime plus sa femme procrée en dehors du mariage, n'ont-ils donc aucun droit à la protection de la loi ? Ne constituent-ils pas la plus effroyable plaie sociale, celle qu'il est le plus pressant de guérir ?

Que deviennent, en effet, ces enfants,

voués par leur naissance à l'abandon, à une mort prématurée, ou bien à l'ignorance, à la honte, à la misère, et par conséquent au vice? Ne sont-ce pas ceux-là qui vont peupler les prisons et les bagnes? La loi ne serait-elle pas plus sage de prévenir le mal que d'y apporter un tardif remède?

Mais, enfin, lorsqu'il n'y a pas d'enfants, quel motif pour laisser enchaînés deux êtres qui se haïssent et qui sont séparés de fait?

Les partisans de l'indissolubilité, au seul mot de divorce, crient à la promiscuité, appréhendent un chaos social. Cependant en Angleterre, en Suisse, en Allemagne, en Belgique, en Russie et en Amérique, où le divorce est établi, les mœurs sont au moins aussi respectées, et la famille aussi solidement assise qu'en France, en Espagne, en Italie, que dans tous les pays catholiques, où règne l'indissolubilité, partant la licence et l'hypocrisie qu'elle engendre.

Pour remédier à notre démoralisation croissante, la mesure la plus urgente, c'est donc le divorce. Qu'il soit établi, et l'on verra, nous osons l'affirmer, les unions non-seulement plus heureuses, mais surtout plus constantes.

En effet, qu'arrive-t-il aujourd'hui!

Dès que le mariage est conclu, les époux rivés l'un à l'autre, ne craignant plus de se perdre, jugent trop souvent inutiles les égards, les bons procédés. Dans la securité même est le germe d'un refroidissement réciproque.

Mais si le lien est dissoluble, tout change aussitôt.

L'époux despote, vicieux, infidèle, réprime ses mauvais penchants, parce qu'il sait que sa compagne pourrait le quitter et porter à un autre son amour et ses soins.

Une femme acariâtre n'oserait plus faire souffrir son mari ; une coquette, le tromper ou le désoler.

L'homme qui voudrait n'épouser qu'une dot ne ferait pas ce honteux calcul, parce qu'il saurait qu'une fois désillusionnée, sa femme romprait une union mal assortie.

Et l'on ne verrait plus ces sortes de vols au mariage où l'on se trompe réciproquement sur le chiffre de la dot, sur la situation pécuniaire des parents; car ces mariages frauduleux seraient promptement rompus.

Mais on nous répond : la séparation remédie aux abus que vous signalez. —Nous prétendons qu'elle les aggrave, au contraire.

En effet, la séparation désunit sans délivrer, sépare les biens et laisse la femme en tutelle du mari; sépare les personnes, et laisse au mari la responsabilité des fautes de sa femme, qui peut encore déshonorer son nom. « En un mot, la séparation brise le mariage comme lien, et le maintient comme chaîne (1). » C'est le divorce avec mille contradictions, mille douleurs, mille immoralités de plus.

Que deviennent, par exemple, les époux séparés, s'ils sont encore jeunes, et c'est presque toujours dans la jeunesse qu'on se sépare? Le concubinage est nécessairement leur refuge. Cette position, fausse pour l'homme, est horrible pour la femme; horrible aussi pour les enfants qui naissent de ces unions illégales.

A supposer que la femme reste hon-

(1) Legouvé.

nête, quelle est sa situation dans le monde ? Personne ne croit à sa vertu.

Si elle n'a pas d'enfants, quelle est son existence ? Quand descendant dans son triste cœur, si jeune encore, si plein de tendresse, elle ne rencontre que l'isolement, un isolement éternel, à quelles révoltes ne s'abandonne-t-elle pas ? Quel ressentiment n'éprouve-t-elle pas pour celui qui cause son malheur, et quels désirs monstrueux peuvent germer dans son esprit ?

Ah ! tout ce qu'il y a dans l'âme humaine de dignité et de sentiment de justice se soulève contre ce demi-divorce si cruel, si plein de souffrance et de haine, qu'il altère jusqu'à l'amour maternel lui-même.

Mais encore, en dehors de ces généralités, il est certaines natures que le mariage ne peut enserrer, ne peut assouplir, des natures impatientes de toute contrainte, que tout lien irrite, exaspère, natures essentiellement mobiles, pour lesquelles le mariage est un supplice si intolérable, qu'elles s'y soustraient de mille façons, mais non sans faire souffrir l'être auquel elles sont rivées.

Natures incomplètes selon les uns, trop riches selon les autres, en tous cas exubérantes, avides d'émotions, altérées d'idéal : natures d'artistes souvent séduisantes, qui, libres, auraient peut-être à remplir un rôle utile dans notre mécanisme social ; mais qui, comprimées dans le moule uniforme du mariage, produisent toutes sortes de chocs, de douleurs, de désastres.

Le vice de nos conceptions morales, c'est de vouloir ramener tous les caractères au même type, de vouloir rendre fidèles les êtres inconstants par nature, imposer les paisibles affections familiales à ceux que tourmentent la fièvre d'amour, la passion de l'inconnu.

La vraie loi morale, la vraie loi de justice, de liberté et de progrès, ce n'est pas, nous le répétons, de comprimer, mais de diriger les activités et les aspirations humaines.

Quel plus grand malheur pour un être constant que d'avoir donné sa foi et son cœur, que de se trouver uni éternellement à un être qui ne répond pas, qui ne peut répondre à son affection et qui poursuit incessamment d'autres amours?

A quelle extrémité le désespoir poussera-t-il les victimes enchaînées dans les liens de fer du mariage? N'entendez-vous pas ces cris étouffés de colère qui s'élèvent contre le nœud conjugal; et songez-vous que vous n'avez laissé qu'un seul moyen de le rompre, la mort?

FIN

APPENDICE

LOI DU 20 SEPTEMBRE 1792

RAPPORT

DE M. ODILON BARROT SUR LE DIVORCE

LÉGISLATION COMPARÉE

LOI DU 20 SEPTEMBRE 1792

Le divorce, dans le Code Napoléon, *était la dissolution du mariage prononcée en justice sur la demande des époux, ou de l'un contre l'autre.*

« Le divorce doit être la constatation publique de la dissolution du mariage par la volonté des époux ou de l'un d'eux.

« L'ancienne loi française n'admettait pas le divorce.

« Législation de servitude, profondément pénétrée des idées monarchiques et catholiques, — dit M. Émile Acollas, dans son *Manuel de droit civil*, —

elle ne soupçonnait même pas que l'homme eût un droit ; elle n'admettait pas qu'il existât pour les sociétés un autre ordre que celui du droit divin et de l'oppression.

« Cependant l'ancien droit français fut lui-même obligé de faire sa part à une nécessité qu'il méconnaissait ; il admit le système bâtard et contradictoire *de la séparation de corps.* »

La loi du 20 septembre 1792 introduisit le divorce en France.

LOI DU 20 SEPTEMBRE 1792

SUR LE DIVORCE

« L'Assemblée nationale ; considérant combien il importe de faire jouir les Français de la faculté du divorce,

qui résulte de la liberté individuelle
dont un engagement indissoluble serait
la perte ; considérant que déjà plusieurs
époux n'ont pas attendu, pour jouir des
avantages de la disposition constitu-
tionnelle suivant laquelle le mariage
n'est qu'un contrat civil, que la loi eût
réglé le mode et les effets du divorce,
décrète ce qui suit :

ARTICLE PREMIER.

« Le mariage se dissout par le divorce.

ARTICLE 2.

« Le divorce a lieu par le consentement mutuel des époux.

ARTICLE 3.

« L'un des époux peut faire prononcer le divorce, sur la simple allégation d'incompatibilité d'humeur ou de caractère.

ARTICLE 4.

« Chacun des époux peut également faire prononcer le divorce sur des motifs déterminés ; savoir : 1° Sur la démence, la folie ou la fureur de l'un des époux ; 2° sur la condamnation de l'un d'eux à des peines afflictives ou infamantes ; 3° sur les crimes, sévices ou injures graves de l'un envers l'autre ; 4° sur le déréglement de mœurs notoire ; 5° sur l'abandon de la femme par le mari, ou du mari par la femme, pendant deux ans au moins ; 6° sur l'absence de l'un d'eux, sans nouvelles au moins pendant cinq ans ; 7° sur l'émigration dans les cas prévus par les lois, notamment par le décret du 8 avril 1792.

ARTICLE 5.

« Les époux maintenant séparés de corps par jugement exécuté, ou en dernier ressort, auront mutuellement la faculté de faire prononcer leur divorce.

ARTICLE 6.

« Toute demande en séparation de corps non jugée, est éteinte et abolie : chacune des parties paye ses frais. Les jugements de séparation non exécutés, ou attaqués par appel ou par voie de la cassation, demeurent comme non avenus ; le tout sauf aux époux à recourir à la voie du divorce, aux termes de la présente loi.

ARTICLE 7.

« A l'avenir, aucune séparation de corps ne pourra être prononcée ; les époux ne pourront être désunis que par le divorce. »

« On a accusé cette loi d'avoir violenté la conscience en supprimant la séparation de corps, — ajoute M. Émile Acollas ; — reproche injuste, à coup sûr, et qu'explique seul l'esprit d'aveugle réaction, qui depuis l'immense effort de la grande révolution, s'est emparé d'une partie de la société française.

« La loi du 20 septembre abolit dans la séparation de corps une institution injuste, immorale et inefficace.

« Le catholicisme, conséquent ou même clairvoyant, eût dû repousser non-seulement la dissolution, mais le simple relâchement du lien conjugal ; il n'osa aller jusque-là, et c'est de cette façon que le prétendu palliatif de la séparation de corps s'introduisit dans les législations catholiques.

« Nous avons vu que le Code de la Convention admettait le divorce par la volonté de l'un des époux.

« Les rédacteurs du Code Napoléon se rapprochèrent sur ce point plus que sur aucun autre des idées de la Révolution; il fut question de laisser au passé le legs funeste de la séparation de corps: Cependant, une transaction eut lieu; la séparation de corps reparut dans la loi, à côté du divorce, et à titre de *divorce des catholiques.*

« On sait que, lors de la discussion de ce titre, Bonaparte se prononça avec une grande énergie en faveur du divorce. Pourquoi les interprètes, si enclins à faire argument de ses plus insignifiantes ou même de ses plus absurdes paroles, ne le citent-ils pas en matière de divorce ?

« Le divorce lui-même ne fut, d'ailleurs, maintenu qu'avec des modifications importantes.

« La Restauration fit mieux ; assurée du concours aveugle de la fameuse *chambre introuvable*, elle l'abolit par la loi du 8 mai 1816, et en revint simplement au régime catholique.

« Depuis cette époque, le rétablissement du divorce a été constamment demandé. Le jour où la France reprendra la tradition de 1789, et où elle inscrira en tête de ses lois la liberté et la responsabilité, ce retour à la loi du 20 septembre 1792 sera un des premiers progrès qu'elle accomplira. »

RAPPORT

DE M. ODILON BARROT SUR LE DIVORCE

DIVORCE. — Le mot latin *divortium* a été formé, s'il faut en croire Justinien, des deux mots *diversitas mentium*, dont le sens est assez exactement rendu par l'expression l'*incompatibilité d'humeur*.

Divortium, comme *diversitas* (divergence), exprime littéralement l'action de deux personnes, qui quittent une route qu'elles suivaient ensemble, pour prendre deux chemins différents, où chaque pas les éloigne l'une de l'autre.

Le mot *divorce* a en français un double sens : tantôt il exprime l'action même de la rupture du lien qui unissait deux époux, tantôt l'état de deux époux rendus ainsi à la liberté. Dans le premier sens, on dit que le divorce dissout le mariage; dans le second, que les enfants nés pendant le divorce, n'ont pas pour père le mari divorcé.

Il y a entre la nullité du mariage et sa dissolution par le divorce, cette différence que la nullité n'est jamais prononcée que pour une cause antérieure au mariage, le divorce, au contraire, pour une cause postérieure; que le mariage déclaré nul est censé n'avoir jamais existé, tandis que sa dissolution par le divorce suppose, jusqu'au moment de cette dissolution, son existence régulière et valable.

Les nullités de mariage ont été admises par toutes les législations, et il n'en pouvait être autrement. Là où la loi civile consacre le mariage par certaines formes solennelles, il est impossible que la violation de ces formes, lorsqu'elle atteint un certain degré de gravité, n'entraîne pas la nullité du mariage comme contrat civil. Là même où le contrat civil n'est parfait que par la consécration religieuse, la loi religieuse admet également des nullités qui vicient le mariage dès l'origine, et la constatation rétablit les époux dans leur liberté première, qu'ils sont censés n'avoir jamais perdue.

Mais la nullité ne peut être invoquée que contre le mariage qui a été vicié dès le principe, et dont l'existence n'a été à aucun moment régulière. Il n'y a là de remède que contre le vice antérieur au contrat, et il restait à prévoir le cas où le lien conjugal, valablement et régulièrement formé, devrait être brisé ou relâché par la loi. Ce cas a été prévu par toutes les législations religieuses ou civiles, et c'était une nécessité; car quel législateur eût osé dire aux époux :

« Le lien qui vous unit restera toujours aussi étroitement serré qu'à l'instant du contrat, quelques changements qui surviennent dans vos relations réciproques. Alors même que le lit conjugal aura été souillé par les plus sales débauches, alors que le pain de vos enfants aura été prodigué pour alimenter l'adultère, alors que, dans le délire de la passion, l'un de vous aura attenté à la vie de l'autre, et que, saisi dans son crime par les ministres de la loi, il aura été flétri de l'infamie, ne me demandez pas une issue hors du domicile conjugal, je vous la refuserais! Ne me demandez pas d'allonger au moins votre chaîne pour laisser entre vous et le coupable la

place de la haine et du mépris, je serais
sans pitié! Vainement vous me crieriez
que votre cœur est flétri, votre vie
empoisonnée; que la misère, le vice,
les maladies viennent assiéger votre
foyer! Je serais sourd! »

Aucune législation, disons-nous, n'a
osé pousser jusqu'à cet excès le principe
de l'inviolabilité du lien conjugal. Il
n'en est pas une seule qui n'ait reculé
devant l'idée de refuser tout remède au
désordre, toute protection à la victime,
et celles-là ont relâché le lien conjugal,
qui n'ont pas cru devoir le rompre.
De là la *séparation de corps*, de là le
divorce.

Tous les dogmes religieux, toutes les
lois civiles, sont d'accord sur ce point,
que par cela seul qu'il y a eu de la part
d'une des parties violation de ses obli-

gations, il y a nécessité de modifier le contrat primitif, et de relever l'autre partie de tout ou portion des engagements contractés par elle. Le dissentiment ne s'élève que sur la question de savoir si on laissera seulement à l'époux outragé le choix entre les tortures de la cohabitation conjugale et la séparation de corps, ou bien si on lui permettra d'opter entre la cohabitation, la séparation et le divorce. C'est, en effet, dans ces termes que la question du divorce est aujourd'hui posée en France. Il ne s'agit plus d'opter entre deux institutions et de proscrire l'une en accueillant l'autre. Cette nécessité n'existe heureusement pas. Si la loi du 20 septembre 1792 a admis le divorce à l'exclusion de la séparation ; si la loi du 8 mai 1816 a admis la séparation à l'exclusion du divorce, le Code civil,

plus tolérant, a su concilier le respect
dû à d'honorables scrupules religieux
avec les droits de l'individu et les intérêts de la société; et il a laissé à la
conscience de l'époux outragé le choix
entre les deux issues qu'il lui ouvrait
pour fuir la persécution et l'infamie.

Mais si les partisans du divorce sont
d'accord aujourd'hui que la séparation
de corps doit avoir sa place à côté de lui
dans la loi, les partisans de la séparation se montrent plus exclusifs, et ne
veulent pas que le législateur laisse à
l'époux outragé d'autre refuge que la
séparation. Le divorce est-il donc quelque chose d'impie, quelque chose d'im-
politique, quelque chose d'immoral?
C'est, en effet, sous ce triple aspect,
moral, politique et religieux, que se
présente la question du divorce, qui depuis tant de siècles divise les esprits;

et, chose singulière! dans chacun de ces trois ordres d'idées le divorce a eu ses partisans et ses adversaires; et il n'y a pas eu plus d'unanimité parmi les théologiens pour lui lancer l'anathème que parmi les philosophes pour le défendre et le préconiser.

Quoique, en droit, les époux *séparés* puissent se réunir, à la différence des époux *divorcés*, qui, sous le Code civil, ne le pouvaient pas et qui le pourraient sous toute autre loi, en fait, il y a très-peu d'exemples de ces réunions après séparation; aussi, la seule différence radicale et profonde qui existe entre la séparation et le divorce, c'est que la séparation interdit aux époux toute nouvelle union, tandis que le divorce leur permet de chercher le bonheur dans un nouveau mariage. On pourrait définir le divorce une séparation avec faculté de se remarier, et réciproquement la séparation un divorce avec interdiction de se remarier. C'est dans cette faculté ou cette interdiction de contracter une nouvelle union qu'est tout l'intérêt de la question du divorce, question dont nous ne sommes ici que les simples rapporteurs. Chez tous les peuples, on trouve dans les commencements de l'histoire du divorce le droit de répudiation de la femme pour le mari : c'est ce principe, fondé sur le droit despotique du mari dans le ménage, qui, chez les Juifs, chez les Grecs, chez les Romains, recèle le germe d'une réforme fondée sur l'idée de l'égalité de l'homme et de la femme. C'est Hérode chez les Juifs, c'est Solon chez les Grecs; à Rome, c'est Domitien, qui, rendant à l'épouse son rang et sa dignité, lui attribuent le droit de demander la dissolution du mariage contre son mari, comme son mari a ce droit contre elle. Le divorce a été un progrès moral sur la répudiation. Mais il est remarquable que la répudiation est, comme le divorce, une rupture complète du lien conjugal, et que, pour passer de l'une à l'autre, le législateur n'a eu qu'à appeler la femme au partage des droits du mari pendant la durée du mariage, et non à créer à sa dissolution des conséquences que la répudiation entraîne aussi bien que le divorce.

Lorsque le christianisme commence à s'établir, les Pères de l'Église se partagent sur la question de l'indissolubilité du lien conjugal. Saint Épiphane et saint Ambroise admettent le divorce; saint Augustin le repousse. Quand arrive la grande scission entre les Églises d'Orient et d'Occident, l'Église grec-

que se déclare tout entière pour l'opinion favorable au divorce, et aujour-
d'hui encore ses dogmes le reconnais-
sent et l'admettent. Les décisions de
l'Eglise romaine à cet égard sont longtemps empreintes d'hésitation et d'in-
certitude. Elle autorise vingt de nos
rois à répudier leurs femmes pour en
épouser d'autres; notre histoire nous
offre presque autant de reines répudiées
que de reines qui sont mortes avec leur
couronne. Le dogme se fixe enfin, et
interdit la répudiation et le divorce;
mais l'Église alors multiplie les causes
de nullité au point de laisser croire
qu'elle veut reproduire sous un autre
nom cette institution qu'elle proscrit.
La réforme accepte le divorce, et il est
aujourd'hui consacré par les lois dans
tous les pays protestants. Lorsque, après
la réforme religieuse accomplie, vient

le tour de la réforme politique, la loi du 20 septembre 1793 accorde plus même que le divorce, et donne aux épouses une sorte de droit de répudiation réciproque qu'elle appelle *incompatibilité d'humeur*; et, dans sa haine contre le catholicisme, elle proscrit la séparation de corps, seule institution que le dogme catholique avoue. Le Code civil, en réintégrant dans la loi la séparation de corps, place à côté d'elle, non plus la répudiation réciproque de 1792, mais le divorce sévèrement restreint dans ses causes, et entouré des formes les plus lentes et les plus solennelles. Cependant l'institution du divorce, réduite à ces termes, n'a pu trouver grâce devant la réaction religieuse de 1816, et le 8 mai, une loi est rendue qui efface du Code civil le divorce, et cette loi, malgré deux tentatives infruc-

tueuses faites en 1831 et 1832 pour
l'abolir, est encore aujourd'hui celle
qui régit la France.

Si la loi civile devait repousser le
divorce par cette seule considération
qu'il est proscrit par le dogme catholique, il est évident tout d'abord, que
le divorce ne devrait être interdit qu'à
ceux-là seuls dont la croyance est in-
compatible avec lui ; car la loi civile
n'aurait aucune raison de se montrer
plus sévère pour les non-catholiques
que leur loi religieuse. Parmi les catholiques eux-mêmes, ceux-là seulement seraient atteints par la prohibi-
tion de la loi religieuse, dont l'union
aurait été consacrée par la religion, car
le sacrement seul rend le mariage indissoluble. Et si avant 1789, le sacrement
était un élément essentiel du mariage,
il n'en est pas de même aujourd'hui que

le contrat civil est parfait par lui-
même, et que la consécration religieuse
n'ajoute rien, aux yeux de la loi, à sa
force ni à sa sainteté. Et maintenant,
cette renonciation au divorce, réduite
à ces termes, serait-ce autre chose
qu'une question de conscience ? une
question de foi religieuse, une loi enfin
que chacun peut bien s'imposer à soi-
même, mais pour laquelle il ne peut
exiger des autres la même obéissance,
et que le législateur ne pourrait consacrer sans faire d'un acte de foi un devoir civil, d'une prescription religieuse
une contrainte légale, sans violer le
grand principe de la séparation du tem-
porel et du spirituel, sans rompre cette
belle unité de notre loi civile, qui est la
même pour tous les citoyens, quelle que
soit leur croyance, parce qu'elle est
faite pour tous les membres de l'État, et

non pour les sectes religieuses. C'est le
Français qui contracte devant l'officier
de l'état civil; c'est le croyam catholique
que qui demande au prêtre de bénir son
union. Si les obligations que ce dernier
impose sont plus rigoureuses que les
obligations civiles, n'est-ce pas là le rôle
de la religion, comme c'est le rôle de
la morale? Leur empire ne se prolonge-
t-il pas toujours bien au delà de la li-
mite où s'arrête celui de la loi? Et
puis, il faut le remarquer, dans aucune
matière, le dogme catholique et la loi
civile ne partent d'un principe plus
diamétralement opposé. Pour l'un, le
célibat est plus saint et plus parfait que
le mariage; l'autre encourage le mariage et tolère le célibat. L'un exige
de l'homme qu'il lutte même contre les
besoins de sa nature, et lui tient compte
pour le ciel de chacune des priva-

tions qu'il s'impose ; l'autre met sa perfection à satisfaire tous les besoins de l'homme, et à mettre le moins souvent possible la passion individuelle aux prises avec l'ordre social. Aussi est-ce une objection à peu près abandonnée contre le divorce, que celle de son incompatibilité avec le dogme catholique ; et la loi de 1816, votée sous l'influence de cette idée, n'est cependant aujourd'hui défendue que par des considérations empruntées, non à la religion, mais à la politique et à la morale. C'est sous ce seul point de vue que la question peut désormais être sérieusement traitée. L'intérêt des mœurs, en général, l'intérêt de la femme, l'intérêt des enfants, tels sont les éléments de la discussion.

Le divorce, par cela seul qu'il offre aux époux l'éventualité d'une dissolution du mariage avec la faculté d'en former un nouveau, est un véritable encouragement aux désordres intérieurs. On ne se plie pas aux exigences d'un état qu'on peut changer, et la loi se rend complice de notre penchant à l'inconstance, quand elle dépouille l'union conjugale du caractère de la perpétuité; elle fait naître le mal auquel elle veut remédier. Tel est l'argument capital contre le divorce, celui qui se reproduit sous diverses formes dans les discours, les écrits, qui ont eu pour but de le combattre. Cet argument n'est pas resté sans réponse. S'il est vrai, a-t-on dit, que l'époux souffrira moins patiemment le mal auquel il pourra se soustraire; il faut bien reconnaître aussi que rien ne corrompt comme le pouvoir de faire le mal impunément; que tel époux qui, certain de conserver sa victime sous la main, se jouera de tous ses engagements, de tous ses devoirs, les respectera davantage s'il sait que cette victime peut invoquer le secours de la loi, et demander à un autre le bonheur légitime qu'il lui avait promis. Si donc, dans certains cas, le divorce doit rendre l'époux plus rebelle à la persécution domestique, dans d'autres aussi, il préviendra cette persécution même. Et puis, à côté de l'inconvénient du divorce, il faut voir le danger de son absence, et se souvenir que notre nature sait toujours se venger du despotime des lois, soit par le crime, qui est une réaction violente, soit par la corruption, qui est une sourde protestation.

D'ailleurs, quels sont les caractères que la perspective d'un nouveau ma-

riage portera à jeter le trouble au sein
de la famille? Ce ne seront pas à coup
sûr les caractères religieux et résignés :
la passion seule ou l'immoralité pourraient se préoccuper de cet avenir de
liberté. La passion? Mais elle ne sait
pas calculer et combiner des chan-
ces légales; elle est aveugle, et, si elle
ne l'était pas, elle se souviendrait que
l'adultère, aux termes de la loi, sépare
les deux complices par une barrière
insurmontable, bien loin de les rappro-
cher. L'immoralité? Mais quel besoin
pour elle du divorce? La séparation lui
offre tous les avantages que le divorce
lui offrirait, et, de plus, cette sécurité
que les enfants qui naîtront pendant
sa durée, recevront un père de la loi.

Quant aux droits de la femme, les
objections qu'on en tire partent de deux
principes opposés. Les résultats du di-

vorce, disent les uns, ne sont pas égaux
pour les deux époux : l'homme sort du
mariage avec son autorité et sa force,
la femme n'en sort pas avec toute sa
dignité ; et de tout ce qu'elle y a porté,
pureté virginale, jeunesse, beauté, fé-
condité, fortune, elle ne retrouve que
son argent. Est-ce une loi protectrice
de l'ordre, disent les autres, que la loi
qui, dans un acte aussi important que
la dissolution du mariage, donne un
droit égal, ou, pour mieux dire, une
juridiction à l'épouse, d'où naît inévi-
tablement une prétention habituelle à
l'égalité, et par conséquent l'anarchie
domestique? A la première de ces objections, on peut répondre que si c'est la
femme qui est exposée à perdre le plus
par le divorce, c'est elle aussi qui a le
plus besoin de ce secours de la loi. Le
divorce ne rend pas à la femme sa vir-

ginité, sa pureté, cela est vrai; il la
jette dans le monde dans cette situation fausse qui n'est ni celle de la fille,
ni celle de la femme ou de la veuve:
eh bien! c'est une garantie que la
femme ne recourra pas à ce moyen
extrême sans la plus impérieuse nécessité. A la seconde objection, la réponse
est dans ces deux mots : la préémi-
nence du mari sur la femme ne peut
jamais être le droit d'oppression du
fort sur le faible.

Reste l'intérêt des enfants. Ici, nous
devons rappeler que le désordre existe
quand il s'agit d'y remédier; que la famille est troublée; que la question
n'est pas entre la réconciliation et la
rupture, mais entre un mode de rupture et un autre. L'intérêt des enfants
est compromis dès que le désordre
existe, leur intérêt moral par les mau-

vais exemples qu'ils reçoivent, leur intérêt de fortune par les dissipations que le déréglement entraîne d'ordinaire après lui. Si vous offrez le choix aux époux entre la séparation et le divorce, ce choix sera dicté par la croyance religieuse de chacun. Celui à qui sa foi défendra de contracter un nouveau mariage pendant la vie de son époux, celui-là seul optera pour la séparation, et c'est alors que la séparation sera vraiment empreinte de plus de piété, de plus de moralité même que le divorce. Car le célibat qu'elle impose sera un célibat volontaire, un sacrifice accepté. Mais si vous faites de la séparation la loi générale, la loi unique et inflexible, alors vous jetez pêle-mêle dans la séparation de corps, et les croyances qui acceptent le sacrifice, et les natures qui s'y refusent. Ne parlez plus de célibat volontaire, c'est d'autre chose qu'il est maintenant question, c'est de l'adultère public et permanent. Ce n'est plus alors la religion qui impose une privation à qui elle promet récompense, c'est la loi qui inflige une peine perpétuelle au malheur ; c'est elle qui légalise en quelque sorte le crime par l'excuse de la nécessité, et qui combine avec les causes générales de corruption les incompatibilités individuelles. Et alors, quels exemples pour les enfants ! quelle influence sur leur éducation et leur avenir ! La loi a voulu empêcher l'introduction d'une marâtre dans la famille, et elle a ouvert la porte à une concubine. Elle a craint que l'éducation des enfants ne fût confiée à une sévérité trop inflexible, et leur met sous les yeux le spectacle de la dépravation et de l'immoralité. Et qu'on ne fasse pas valoir contre le divorce cette scission de la famille qui va séparer les enfants, soit du père, soit de la mère; qui va répartir des frères et des sœurs autour de deux foyers, où ils ne recevront d'autres enseignements que ceux du ressentiment et de la haine. Ces maux, qui ne sont que trop réels, ce n'est pas le divorce qui les a créés; ils existent presque tous au cas de secondes noces comme au cas de divorce, et la séparation n'y sait pas plus de remède que lui.

Au reste, une considération puissante domine toute cette question du divorce. Le divorce ne sera jamais réclamé que dans les pays où il aura un intérêt, et il n'a d'intérêt que là où le mariage est respecté. Dans les pays où le dogme religieux, constituant la loi elle-même, a établi de la manière la plus absolue l'indissolubilité du mariage, le mariage, par une réaction forcée de la nature contre le despotisme de la loi, est devenu à peu près purement nominal, et des unions illégitimes se sont emparées de ce que le mariage a de réel et de sérieux. Là, quel serait l'intérêt du divorce? C'est le concubinage qui est devenu le véritable mariage, c'est-à-dire l'union des affections et des existences. On peut dire de ces pays ce qu'on a dit de la France du seizième siècle : ils ont traversé le divorce comme elle a traversé la réforme ; ils restent dans les liens indissolubles parce qu'ils ne pratiquent plus la sainteté du mariage, comme la France est restée nominalement catholique parce qu'elle n'a plus même assez de foi religieuse pour être protestante,

Ce qui serait déplorable, c'est que les mœurs pussent se façonner à cet état de chose de telle manière qu'il n'y aurait plus dans les cœurs ni indignation ni réaction contre un tel désordre, tandis que si la loi, moins absolue, eût offert aux époux la possibilité d'échapper aux conséquences d'une union mal assortie, par le divorce et par de nouveaux mariages, le mariage eût peut-être recouvré la sainteté et le respect qui lui appartiennent, en recevant un peu de liberté. Le désordre que le divorce eût fait sortir du mariage y a été refoulé par son abolition. On a bien essayé, en France, de faire disparaître un des abus les plus révoltants des séparations, en abrogeant pour ce cas, la présomption de paternité. Mais cette présomption de paternité est une conséquence inséparable de l'existence légale du mariage. Elle intéresse d'ailleurs le mari à surveiller la conduite de la femme séparée, et comme il a seul l'initiative de l'action en adultère, si la loi le désintéressait dans cette action, le désordre de la femme séparée serait toujours impuni, ce qui n'existe déjà que trop de fait, sans le consacrer par la loi.

Il nous reste à dire un mot des causes du divorce. Ces causes étaient multipliées jusqu'à l'excès dans la loi de 1792. Outre 'incompatibilité d'humeur, sur laquelle nous nous sommes déjà expliqué, elle reconnaissait encore de plus que le Code civil, comme causes du divorce, la démence du conjoint, le déréglement de mœurs notoire, l'abandon pendant deux ans, l'absence pendant cinq ans, et l'émigration. De toutes ces causes, le Code civil n'a retenu que les sévices et injures graves, l'adultère, la condamnation infamante, et le consentement mutuel, qu'il ne fau pas confondre avec la répudiation exercée par un seul des deux époux, et qui même, dans la plupart des cas, cachera une cause déterminée que l'époux outragé n'aura pas voulu livrer au scandale de la publicité. Au reste, le Code civil a entouré de précautions, de lenteurs et de sacrifices, la prononciation du divorce par consentement mutuel. Une persévérance de plus d'un an dans leur résolution, le sacrifice de la moitié de leur fortune à leurs enfants, l'ajournement à plus de quatre ans de tout espoir d'un nouveau mariage, sont de sûres garanties, non-seulement que toute affection est détruite, mais encore qu'il y a dans la vie commune tant de souffrances ou de dangers que la réconciliation est impossible et l'aversion irrémédiable. C'est entouré de toutes ces restrictions, c'est étayé de l'expérience qui a démenti les prophéties dont on avait cherché à effrayer l'opinion, c'est enfin avec l'appui d'hommes purs et éclairés que le divorce demande aujourd'hui sa réintégration dans nos lois. Plusieurs fois il a échoué ; mais la question intéresse trop de souffrances pour n'être pas soulevée de nouveau.

LÉGISLATION COMPARÉE

Le divorce, dit l'*Encyclopédie*, se pratique dans les États d'Allemagne de la Confession d'Augsbourg.

« On peut ajouter, — écrit à son tour Voltaire dans son *Dictionnaire philosophique*, — que cet usage est établi dans tous les pays du Nord, chez tous les réformés de toutes les Confessions possibles, et dans toute l'Église grecque. »

Rien de plus vrai ; le divorce est une conquête du protestantisme.

Voyons maintenant quel est, sur cette intéressante question du divorce, la législation de la plupart des États européens.

LA SUÈDE

Le Code suédois annule toute demande en divorce pour adultère, et la demanderesse perd ses droits lorsqu'elle a partagé le lit de son mari, après avoir eu connaissance de l'adultère.

Il est interdit à celui des deux époux, contre lequel la dissolution a été prononcée pour cause d'adultère, de se remarier avant que l'autre époux soit mort ou remarié, ou avant qu'il donne son consentement et le roi son autorisation.

La Code Napoléon garde le silence sur l'*impuissance* comme constituant une cause de divorce; d'autres États l'admettent, notamment la Prusse et la Suède.

———

LA LOUISIANE

Comme dans le royaume des Deux-Siciles, le divorce n'existe qu'avec les dispositions relatives à la séparation de corps, telles qu'elles concordent avec notre Code civil.

———

LA SARDAIGNE

Les États sardes ont combiné leurs causes de divorce avec les dispositions de notre Code civil relatives à la séparation de corps; sauf un point : les époux ne peuvent, même d'un commun accord, se séparer, sans y être autorisés par le juge ecclésiastique.

ROYAUME DES DEUX-SICILES

Le divorce n'existe pas dans la législation napolitaine; mais plusieurs des dispositions qui s'y rapportent dans le Code civil français ont été reproduites dans le titre relatif à la séparation de corps.

Ce qui en diffère seulement, c'est le conseil et l'assistance de deux proches parents quand la femme est demanderesse.

CANTON DE VAUD

Le *divorce* est admis comme en 1792 en France, avec de très-légères modifications; ainsi par exemple: à la cause de la démence, une condition d'âge est exigées; il faut moins de soixante ans; il faut aussi que toute maladie contatagieuse soit un outre invétérée et incurable.

On a également retranché du bénéfice du divorce la femme âgée de quarante-cinq ans. Les art. 144 à 147 répondant à 278 et 281 du Code Napoléon, disent au lieu de *deux notaires*, *deux parents ou deux amis.*

Au lieu du partage par nombre et par sexe pour l'entretien des enfants, cette charge incombe à l'époux coupable contre lequel l'autre aura obtenu divorce. Toutefois, à défaut de fortune, l'autre conjoint y pourvoira, soit de compte à demi, soit en entier.

CANTON D'ARGOVIE

Le Code n'exige quepour les catholiques la déclaration solennelle du consentement.

Pour tout le reste : les lois du *divorce* entre protestants sont les mêmes que la *séparation de corps* pour les catholiques.

———

HOLLANDE

En ce pays, le *divorce* a lieu après la *séparation de corps*, qui se pratique comme en France.

Les seules causes de divorce sont : 1° l'adultère ; 2° l'abandon ou la désertion malicieuse. Le reste comme les art. 231-232 du Code Napoléon.

La loi présume la réconciliation, lorsque le mari cohabite avec sa femme après avoir déserté le domicile commun, et toute action est alors éteinte.

———

BAVIÈRE

Le Code bavarois ne diffère des autres législations que par cette clause :

La femme mariée peut tester, etc.

« Elle a la faculté de se remarier aussitôt après la dissolution du mariage.

« *Mais* il est ouvert au mari une action en désaveu, *pro evidentiâ facti.* » (228, Code Napoléon, diff.)

AUTRICHE

Le Code autrichien admet l'autorité du juge ecclésiastique pour la dissolution du mariage, sauf recours au juge civil.

Aux maladies incurables, comme cause de rupture, il ajoute les infirmités et la dilapidation de la fortune par l'un des conjoints.

En outre, si l'on ne produit pas de moyens de nullité, le mariage entre catholiques est indissoluble, même s'il n'y a qu'un époux qui soit catholique.

Dans le Code autrichien, on ordonne une séparation préalable de lit et de table, lorsqu'il y a seulement « aversion invincible ».

D'après les art. 118 et 119 de ce Code, les époux divorcés peuvent se remarier entre eux, comme s'ils n'avaient jamais été unis, et avec d'autres personnes, mais jamais avec les personnes qui ont été la cause du divorce pour adultère ou tout autre fait punissable.

CODE PRUSSIEN

Il admet, comme la loi de 1792, les mêmes causes de divorce, mais, à la *preuve* d'adultère, il ajoute « la *suspicion légitime* d'adultère ».

La femme, poursuivie comme adultère, ne peut opposer l'adultère du mari.

Le Code prussien provoque le divorce pour les causes suivantes :

Vices *contre nature* (ce que je n'ai vu dans aucun Code);

Quand un des époux se refuse à remplir les devoirs conjugaux;

Lorsque l'un des époux change de religion ;

Lorsque la femme refuse de suivre son mari dans le nouveau domicile qu'il choisit;

Pour injures graves, eu égard au rang social des époux.

———

DUCHÉ DE BADE

Ce Code ne diffère des autres qu'en une clause, celle du constat de l'adultère.

« Il y a adultère de la part du mari, lorsque la concubine habite tellement près du domicile du mari, que celui-ci puisse aller la voir sans cesse. »

HAÏTI

Tout ce qui regarde les tribunaux de *cassation* est supprimé dans ce Code ; il n'y a pas de Cour d'appel à Haïti.

Un an au lieu de dix mois est prescrit à la femme pour contracter mariage à nouveau.

Une année au lieu de deux années

d'emprisonnement (*maximum de la peine pour la femme adultère*).

Le reste comme dans les autres Codes.

———

Les éléments de cette étude de législation comparée, sont empruntés à l'ouvrage de M. Anthoine de Saint-Joseph, ancien avocat du barreau de Paris.

Ainsi donc, partout où la liberté de conscience et le libre examen ont pénétré, la loi admet le divorce. Le divorce est repoussé par la loi, partout où l'intolérance religieuse et le despotisme clérical sont triomphants.

Justinien, dont les peuples de race latine ont presque tous adopté le Code, autorisait le divorce ; mais le droit canonique, plus cher encore aux catholiques, ne le permet pas.

« Justinien était chrétien et même théologien, — ajoute Voltaire, — comment donc arriva-t-il que l'Église dérogea à ses lois?

« Ce fut quand l'Église devint souveraine et législatrice. Les papes n'eurent pas de peine à substituer leurs décrétales au Code dans l'Occident, plongé dans l'ignorance et dans la barbarie. Ils profitèrent tellement de la stupidité des hommes, qu'Honorius III, Grégoire IX, Innocent III, défendirent, par leurs bulles, qu'on enseignât le droit civil, et comme l'Église jugea seule du mariage, elle jugea seule du divorce.

« Cette coutume, établie dans les temps d'ignorance, se perpétua dans les temps éclairés, par la seule raison qu'elle existait, et qu'un abus s'éternise de lui-même. »

Cependant le jour semble prochain

où le cléricalisme sera vaincu. Une nouvelle pétition, couverte de nombreuses signatures et demandant le rétablissement du divorce, va être présentée à l'Assemblée nationale, et sera défendue par un groupe énergique de représentants. La vérité est une ; ce qui est un bien dans l'ordre politique ne saurait être un mal dans l'ordre moral, et si la liberté fait seule les citoyens, en développant les énergies de la conscience, la liberté fait seule aussi les hommes.

FIN DE L'APPENDICE.

Paris. — Typ. N. Blaupain, 7, rue Jeanne

BIBLIOTHÈQUE DÉMOCRATIQUE

1re SÉRIE

1. NAPOLÉON, par Louis BLANC.
2. LES PAYSANS, par Alphonse ESQUIROS.
3. LES JÉSUITES, par A. ANDREÏ.
4. LES ORIGINES DE LA RÉVOLUTION, par Ernest HAMEL.
5-6. LES HOMÉLIES DE VOLTAIRE, par Victor POUPIN.
7. LE DEUX DÉCEMBRE A PARIS, par Victor SCHŒLCHER.
8. SCIENCE ET CONSCIENCE, par L. VIARDOT.
9. LE LIVRE DES FEMMES, par Léon RICHER.
10. LA POLITIQUE AU VILLAGE, par M.-L. GAGNEUR.

2e SÉRIE

1. LES PRINCES D'ORLÉANS, par Victor POUPIN.
2. LA PROPRIÉTÉ, LA FAMILLE ET LE CHRISTIANISME, par SCHŒLCHER
3. JEANNE DARC, par Henri MARTIN.
4. LA COMMUNE DE MALENPIS, par André LÉO.
5-6. L'OPPOSITION ET L'EMPIRE, par GARNIER PAGÈS.
7. LES SOCIÉTÉS OUVRIÈRES, par Martin NADAUD
8. LA FEMME EN FRANCE AU XIXe SIÈCLE, par LEGOUVÉ.
9. L'INSTRUCTION GRATUITE ET OBLIGATOIRE, par Jules SIMON.
10. LE DROIT DIVIN, par Victor POUPIN.

3e SÉRIE

1. ÉTUDES LITTÉRAIRES ET PHILOSOPHIQUES, par D. BANCEL.
2. LES JOURNÉES DE JUILLET, par N. BLANPAIN.
3. CRIME DE DÉCEMBRE EN PROVINCE, par V. SCHŒLCHER.
4. ASSOCIATION ET TRAVAIL ATTRAYANT, par Ch. FOURIER.
5. LA GUERRE (l'Empire), par Victor POUPIN.
6. LA GUERRE (la Défense nationale), par Victor POUPIN.
7. NOS PRÉJUGÉS POLITIQUES, par Yves GUYOT.
8. LE DIVORCE, par M.-L. GAGNEUR.
9. JULES GRÉVY, par Élie SORIN.
10. LE RESPECT DE LA LOI, par SALNEUVE.

Paris-Vaugirard — Typ. N. Blanpain, 7, rue Jeanne.

www.ingramcontent.com/pod-product-compliance
Lightning Source LLC
Chambersburg PA
CBHW070404090426
42733CB00009B/1534